C000232649

INTERKULTURELLE BEGEGNUNGEN 15

# Studien zum Literatur- und Kulturtransfer

## Hrsg. von Rita Unfer Lukoschik und Michael Dallapiazza

Arianna Di Bella

# SAID –
# Ein Leben
# in der Fremde

**Bibliografische Information der Deutschen Nationalbibliothek**
Die Deutsche Nationalbibliothek verzeichnet diese Publikation
in der Deutschen Nationalbibliografie; detaillierte bibliografische
Daten sind im Internet über http://dnb.d-nb.de abrufbar.

Gedruckt auf alterungsbeständigem,
säurefreiem Papier.

ISSN 2195-1160
ISBN 978-3-631-65458-3
E-ISBN 978-3-653-04666-3
DOI 10.3726/**978-3-653-04666-3**

© Peter Lang GmbH
Internationaler Verlag der Wissenschaften
Frankfurt am Main 2014
Alle Rechte vorbehalten.
Peter Lang Edition ist ein Imprint der Peter Lang GmbH.

Peter Lang – Frankfurt am Main · Bern · Bruxelles · New York ·
Oxford · Warszawa · Wien

Das Werk einschließlich aller seiner Teile ist urheberrechtlich
geschützt. Jede Verwertung außerhalb der engen Grenzen des
Urheberrechtsgesetzes ist ohne Zustimmung des Verlages
unzulässig und strafbar. Das gilt insbesondere für
Vervielfältigungen, Übersetzungen, Mikroverfilmungen und die
Einspeicherung und Verarbeitung in elektronischen Systemen.

Diese Publikation wurde begutachtet.

www.peterlang.com

# Inhaltsverzeichnis

# Vorwort

SAID bin ich zum ersten Mal anlässlich der internationalen Tagung *Entre deux rives* begegnet, die am 17. November 2007 vom Goethe Institut, dem Centre culturel français Palermo und der Universität Palermo organisiert wurde. Im Laufe der Tagung hielt der iranisch-deutsche Autor eine Lesung aus seinem Roman *Landschaften einer fernen Mutter*, die die Teilnehmer tief bewegte. Aus der persönlichen Bekanntschaft mit dem Schriftsteller und der Wertschätzung ihm und seinem Werk gegenüber entwickelte sich mit der Zeit die Idee, mich näher mit der Migrantenliteratur im Allgemeinen und dem Werk SAIDs im Besonderen zu beschäftigen. Das jüngste Ergebnis dieser Auseinandersetzung wird in der vorliegenden Studie vorgestellt.

Hier möchte ich zunächst Reinhard David danken, der geduldig und unermüdlich das Manuskript gelesen und korrigiert hat, und mir viele Ratschläge und Tipps gab. Bei Laura Auteri und Thomas Baginski bedanke ich mich für das Interesse an dieser Arbeit und für ihr Korrekturlesen. Nicht zuletzt danke ich den Verlagen C.H. Beck, Peter Kirchheim, Steidl (Claudia Glenewinkel und Anja Wenzel), die meine Fragen immer gerne beantwortet haben, mir die Pressemappe des Autors zukommen ließen und mir alle erdenklichen Informationen mitgeteilt haben. Ebenso geht mein Dank natürlich an den Autor SAID, der immer hilfsbereit war und mich an Neuigkeiten wie auch privaten Gedankengänge teilhaben ließ.

# Einleitung

Die Zahl der ausländischen Autoren in Deutschland, die auf Deutsch anstatt in ihrer Muttersprache schreiben, ist in den letzten Jahren ständig gewachsen und viele von ihnen behaupten sich durchaus erfolgreich in der literarischen Szene. Dennoch fühlt sich die Mehrzahl von ihnen zwischen zwei Welten und zwei Kulturen beheimatet.

Dies gilt auch für Said, oder, um bei seiner Schreibweise zu bleiben, SAID, einen iranisch-deutschen Schriftsteller, der als junger Mann wegen seines Studiums nach Deutschland kam, und der heute zweifellos einer der wichtigsten zeitgenössischen iranischen Autoren ist. Ganz fühlt er sich weder seiner Heimat zugehörig noch dem Gastland, in dem er schon lange wohnt, er bezeichnet sich selbst als einen „Weltbürger ohne ein eigenes Fenster".[1] Er sieht sich auch als Dichter, der einerseits ganz selbstverständlich seine Heimat Iran, die ihm seit der Diktatur verschlossen ist, mit sich trägt, andererseits verspürt er wie viele seit langem exilierte Schriftsteller ein gewisses Fremdheitsgefühl dem eigenen Land gegenüber.

Seit Jahren prangert er aus dem Exil heraus die Unterdrückung im Iran an. Doch wenn er auch häufig von den Medien eingeladen wird, um über die iranische Politik zu referieren und diese auch nach eigenem Bekenntnis ein Leitmotiv seines literarischen Schaffens ist, so versteht er sich nicht als politischer Autor. Vielmehr sieht er sich als „Augenmenschen", der die Realität aufmerksam beobachtet und mit seinen Werken das Gewissen seiner Leser in Bezug auf die schon lange andauernde politische und religiöse Unterdrückung im Iran aufrütteln will.[2]

Darüber hinaus umfasst sein breit angelegtes literarisches Schaffen, das von deutschen und ausländischen Kritikern stets mit höchstem Interesse aufgenommen wurde und wird, Liebes- und religiöse Lyrik einerseits, Prosaschriften andererseits. Es handelt auf immer wieder neue Weise von

---

1   SAID: *In Deutschland leben.* C.H. Beck: München 2004, S. 117.
2   Vgl. Hametner, Michael: „Laudatio auf den Dichter SAID", am 20.3.2010 an der Buchmesse Leipzig, anlässlich der Ehrung mit dem Literaturpreis des Freien Deutschen Autorenverband an der Buchmesse Leipzig, URL http://www.fda. de/index.php/fda-aktivitaeten/fda-literaturpreis, Zugangsdatum 20.3.2014.

Politik, Exil, Liebe und Islam, es thematisiert aber auch die persönliche Beziehung des Autors zur deutschen Sprache und zu Deutschland und die Verarbeitung der eigenen Kindheit.

Dem Schriftsteller und Lyriker sowie seinen stets wiederkehrenden Grundthemen – Politik, Liebe und Religion – widmet sich die vorliegende Arbeit. In diesem Zusammenhang spielt auch die Behandlung der Frage, wie der Autor die deutsche Sprache gebraucht, die für ihn das adäquateste Mittel zu sein scheint, seinem freien Leben in Deutschland und seiner Liebe zu diesem Land Ausdruck zu verleihen, eine wichtige Rolle. Dabei lässt sich sein Prozess des Heimischwerdens in der deutschen Sprache, seiner „Freiheit" gut verfolgen.

Zwecks einer besseren Übersichtlichkeit der breiten literarischen Produktion wird eine Unterteilung in lyrische Texte und Prosaschriften vorgenommen. Diese Unterteilung mag zu gattungsorientiert und damit willkürlich erscheinen, sie dient aber als Leitfaden bei der Analyse der Schwerpunkte und der jeweiligen stilistischen Entscheidungen, deren Ergebnisse im Verlauf der Arbeit zusammenfließen.

Von den Prosaschriften werden für die Untersuchung des politischen Diskurses die Werke *Der lange Arm: Notizen aus meinem Exil* und *Es war einmal eine Blume* herangezogen, für die Auseinandersetzung mit der Liebe der Text *parlando mit le phung* und für die Untersuchung des Stoffes Religion das Werk *Ich und der Islam*. Nicht unbeachtet bleiben außerdem der surrealistische Text *Dieses Tier, das es nicht gibt* und der Roman *Landschaften einer fernen Mutter*. Sie handeln gleichermaßen von Politik, Liebe und Religion und verdienen daher besondere Aufmerksamkeit.

Unter der lyrischen Produktion sind es die Gedichtsammlungen *Wo ich sterbe ist meine Fremde* und *Dann schreie ich, bis Stille ist*, an denen das Thema Politik exemplarisch untersucht wird. Für die Bedeutung der Liebe in SAIDs Leben bietet es sich an, das Werk *Liebesgedichte von SAID* zur Analyse heranzuziehen, und schließlich scheint die Sammlung *Psalmen* besonders geeignet, die Rolle der Religion für den Autor zu betrachten.

Schon nach den ersten Veröffentlichungen in den 80er Jahren wurde die Literaturkritik zunächst in Deutschland und später in Europa auf SAIDs außerordentliches schriftstellerisches Talent aufmerksam. Das lebhafte Interesse für ihn fand bald seinen Niederschlag in verschiedenen

Auszeichnungen: 1992 erhält der Autor den Civis-Hörfunkpreis, 1994 den Jean-Monnet-Preis für Europäische Literatur, 1996 den Preis der Stadt Heidelberg „Literatur im Exil", 1997 das Stipendium Villa Aurora und die Hermann-Kesten-Medaille, 2002 den Adalbert-von-Chamisso-Preis, 2006 die Goethe-Medaille und 2010 den Literaturpreis des freien deutschen Autorenverbands. Am 10. Juli 2014 wurde SAID in Berlin vom Bundespräsidenten Joachim Gauck sogar der Verdienstorden der Bundesrepublik Deutschland für sein Engagement für die Opfer politischer Verfolgung verliehen.

Auch die Zeitungen berichten regelmäßig über den Autor und seine intensiven literarischen Aktivitäten. Die von ihm gehaltenen Lesungen und Vorträge erfahren bei Kritikern und Wissenschaftlern starke Resonanz. So stößt man allenthalben auf Kommentare und Rezensionen zu seinen aktuellen Veröffentlichungen, und auch seine vielen Interviews zu politischen und religiösen Fragen sind leicht aufzufinden.[3]

Auch in literarischen Debatten hat SAIDs Stimme unter den zeitgenössischen Schriftstellern durchaus Gewicht und auf keiner Konferenz zum Thema Islam und Orientalismus in der deutschen Literatur fehlt ein Hinweis auf seine Werke.[4] Schließlich findet sich sein Name in den wichtigsten wissenschaftlichen Studiensammlungen zur sogenannten Migrantenliteratur – der fiktiven von nicht Muttersprachlern auf Deutsch geschriebenen

---

3  Von den Interviews seien hier besonders erwähnt: Kramatschek, Claudia: „Ein Dialog bedeutet, dass ich meine eigene Schwäche zeige", URL http://de.qantara.de/inhalt/interview-said-ein-dialog-bedeutet-dass-ich-meine-eigene-schwache-zeige, Beitragsdatum 22.12.2005, letzter Zugriff 23.3.2014; Salabè, Piero: „Lo sguardo dello straniero. Incontro di Piero Salabè con il poeta SAID, il ‚felice'". *Lo straniero* 83, 2007, S. 90–104; Mende, Claudia: „Interview mit SAID. Wenn der Detektiv Whiskey trinkt", URL http://de.qantara.de/inhalt/interview-mit-said-wenn-der-detektiv-whiskey-trinkt, Beitragsdatum 23.5.2008, letzter Zugriff 23.3.2014 und Güvercin, Eren: „Interview mit dem Dichter SAID. Ich habe meine Religiosität vor der Islamischen Republik verteidigt", URL http://de.qantara.de/inhalt/interview-mit-dem-dichter-said-ich-habe-meine-religiositaet-vor-der-islamischen-republik, Beitragsdatum 2.7.2010, letzter Zugriff 25.1.2014.
4  Besonders hervorzuheben wären zum Beispiel „Trialog der Kulturen – Eine Annäherung über die »Psalmen« SAIDs", München am 26. Februar 2008 und die Konferenz der Literaturzeitschrift Al-Arabi über die Exilliteratur, Kuwait, März 2012.

Literatur –, die seit einigen Jahren im deutschen literarischen Panorama eine wichtige Rolle spielt, wie schon seit längerer Zeit in der englischen und französischen Literaturszene. Und hier ist SAIDs Position eigenartig. Von zwei verschiedenen Gruppen von Autoren, mit jeweils besonderen Merkmalen ist oft die Rede.[5] Eine erste Gruppe beträfe die Generation der Autoren, die im Erwachsenenalter nach Deutschland kamen, diese Generation musste sich mit einer fremden Gesellschaft, Sprache und Kultur auseinandersetzen und litt oft auch unter der Diskriminierung als Ausländer. Im Gegensatz zu ihr sollen sich die Autoren der sogenannten zweiten Gruppe, die in Deutschland geboren und groß geworden sind, als Teil der deutschen Kultur fühlen, viele von ihnen haben selbst keine unmittelbare Migrationserfahrung mehr, sondern einen Migrationshintergrund. Akzeptiert man diese immerhin sinnvolle Zweiteilung, so lässt sich gleich feststellen, dass sich Merkmale beider Gruppen bei SAID finden, und dies gilt sowohl hinsichtlich der Auswahl seiner Themen als auch in Bezug auf seine stilistischen Präferenzen. Einige der wiederkehrenden Themen der ersten Generation der Migranten, die sich auch bei ihm finden, betreffen zum einen die Spannung zwischen Herkunftsland und Gastland, d.h. zwischen Vergangenheit und Gegenwart, zum anderen die Auseinandersetzung mit der deutschen Sprache, die bei SAID als Erwerb einer neuen Heimat bezeichnet wird.[6] Leitmotive der zweiten Generation, also der Autoren mit „Migrationshintergrund" sind hingegen: das Gefühl des Hier-Seins, die Bestimmung der eigenen Individualität und die aufmerksame Beobachtung der deutschen Gesellschaft.[7] Diesen Themen widmet sich auch der iranische Autor, der unter den Schriftstellern der ersten Migranten-Generation eingeordnet

---

5   Vgl. Thüne, Eva-Maria: „Dove confluiscono i fiumi: poeti plurilingui in Germania". In: Thüne, Eva-Maria/Leonardi, Simona (Hrsg.): *I colori sotto la mia lingua: scritture transculturali in tedesco*. Aracne: Roma 2009, S. 115–149, hier S. 118–146. Wenn man sich auf die Autoren bezieht, die aus der Türkei und aus Italien kommen, spricht man sogar von drei Generationen. Vgl. Wagner-Egelhaaf, Martina, u.a.: *Transkulturalität. Türkisch-deutsche Konstellationen in Literatur und Film*. Aschendorff Verlag: Münster 2007, S. 58–59.
6   Dazu siehe Kapitel II.2 dieser Arbeit.
7   Vgl. Blödorn, Andreas: „Migration und Literatur – Migration in Literatur. Auswahlbibliographie (1985–2005)". In: Abel, Julia u.a. (Hrsg.): *Literatur und Migration*. Sonderband Text + Kritik: Göttingen 2006, S. 266–272.

wird, zusammen mit so berühmten Namen wie dem des Italieners Franco Biondi, des in Damaskus geborenen Rafik Schami und der türkisch-deutschen Schriftstellerin Emine Sevgi Özdamar.[8] Nicht nur die Erfahrung der Migration und des Verlustes der Heimat teilt SAID mit den anderen Autoren der Migrantenliteratur, sondern auch, jeweils anders nuanciert, den recht freien Umgang mit der Sprache des Gastlandes. Während es aber für Franco Biondi, Rafik Schami und Emine Sevgi Özdamar charak-teristisch ist, dass sie in ihren Werken zwischen dem Deutschen und ihrer Muttersprache hin- und her wechseln, legt der iranisch-deutsche Autor seit dem Anfang seiner literarischen Laufbahn Wert darauf, die deutsche Sprache in ausgesuchter, raffinierter Form anzuwenden.[9] Ein weiterer

---

8 In Bezug auf Franco Biondi und auf andere italienisch-deutschen Autoren siehe Pugliese, Rosaria: *Franco Biondi – Grenzgänger der Sprachen, Wanderer zwischen den Kulturen. Erfahrungen der Fremde und ihre literarische Verarbeitung im Spiegel von Franco Biondis Prosa.* Peter Lang: Frankfurt a.M. 2006; Brunner, Maria E./Perrone Capano, Lucia/Gagliardi, Nicoletta: *Deutsch-italienische Kul-turbeziehungen als Seismograph der Globalisierung in Literatur, Übersetzung, Film, Kulturarbeit und Unterricht.* Königshausen & Neumann: Würzburg 2014. Mehr zu Rafik Schami siehe bei Fennell, Barbara: *Language, Literature and the Negotiation of Identity: Foreign Worker German in the Federal Republic of Germany.* The University of Carolina Press: Chapel Hill, London 1997; von den vielen Studien über die Sprache der Emine Sevgi Özdamars seien hier nur erwähnt: Palermo, Silvia: „Transculturalità e traduzione: la lingua di Özdamar e Demirkan". In: Palusci, Oriana (Hrsg.): *Traduttrici. Female Voices across Languages,* Bd. I. Tangram Edizioni Scientifiche: Trento 2011, S. 213–227; Perrone Capano, Lucia: „Narrative heterogener Kulturen jenseits der Dichoto-mien: Emine und Yoko Tawada". In: Öhlschläger, Claudia (Hrsg.): *Narration und Ethik.* Fink: München 2009, S. 293–303; Weber, Angela: *Im Spiegel der Migra-tionen. Transkulturelles Erzählen und Sprachpolitik bei Emine Sevgi Özdamar.* Transcript Lettre: Bielefeld 2009; Thüne, Eva-Maria: „«Lo scavo delle parole»: scrivere e riflettere sulla lingua nei testi di Emine Sevgi Özdamar". In: Cantarutti, Giulia/Filippi, Maria Paola (Hrsg.): *La lingua salvata. Scritture tedesche dell'esilio e della migrazione.* Edizioni Osiride: Rovereto 2008, S. 107–125.
9 Zu Beginn seiner literarischen Karriere verwendet Franco Biondi das typische Gastarbeiterdeutsch und verschriftlicht es: dabei werden alle Substantive klein geschrieben, „ich" wird phonologisch zu „isch", „nichts" zu „nix", „weiss" zu „waiss", „jetzt" zu „jetz" usw. Vgl. Reeg, Ulrike: „Abitare la lingua. Franco Biondi nel contesto della Migrantenliteratur in Germania". In: Gallo, Pasquale (Hrsg.): *Die Fremde. Forme d'interculturalità nella letteratura tedesca contemporanea.* Schena Editore: Fasano 1998, S. 89–107. Auch Rafik Schami schreibt anfangs

Unterschied des iranisch-deutschen Autors zu anderen Migranten-Schriftstellern lässt sich auch in der allgegenwärtigen heftigen und unmittelbaren Klage und Anklage SAIDs gegen die Politik seines Heimatslandes finden, wie in dieser Arbeit gezeigt wird.

Zu den Studien, die sich für die Untersuchung des literarischen Schaffens SAIDs besonders fruchtbar erwiesen, zählen die Beiträge von Werner Nell, Carmine Chiellino, Kurt Scharf, Joachim Sartorius, Eva-Maria Thüne und Iso Camartin.[10] Es geht darin um die Problematik des Identitätsverlusts in

---

ein Gastarbeiterdeutsch, das sprachlich von seiner türkischen Herkunft beeinflusst wird, wenn er z.B. einen Vokal in eine Gruppe von Konsonanten setzt: „schipilen" statt „spielen" oder „bileiben" statt „bleiben" usw. Vgl. Aifan, Uta: „Über den Umgang mit Exotismus im Werk deutsch-arabischer Autoren der Gegenwart". In: Schenk, Klaus/Todorow, Almut/Tvrdík, Milan (Hrsg.): *Migrationsliteratur: Schreibweisen einer interkulturellen Moderne.* Francke A. Verlag: Marburg 2004, S. 205–220. Auch zwischen Emine Sevgi Özdamar und SAID findet man Unterschiede bei der Verwendung der Sprache. Im Gegensatz zu SAID scheut sich die Schriftstellerin nicht, in ihre Texte türkische und arabische Wörter und Rezitative von typischen türkischen Andachts- und Kultfloskeln einzustreuen. So finden sich in *Das Leben ist eine Karawanserei• hat zwei Türen • aus einer kam ich rein • aus der anderen ging ich raus*, zahlreiche türkische und arabische Wörter, die gar nicht erst ins Deutsche übersetzt wurden. Doch auch die vielen wortgetreuen deutschen Übersetzungen von Redewendungen, Litaneien, Ausdrücken und Sprichwörtern zeugen vom engen Bezug der Autorin zu ihrem Heimatland Türkei. Dieses stilistische Mittel schafft neue Komposita, neue deutsch-türkische Hybrid-Wörter und raffinierte Neologismen, es bereichert die deutsche Sprache um manche Metapher und macht sie „interkulturell". Vgl. Di Bella, Arianna: „Emine Sevgi Özdamar – Eine Weltbürgerin auf der Bühne zwischen Vergangenheit, Gegenwart und Zukunft". In: Roloff, Hans-Gert (Hrsg.): *Jahrbuch für Internationale Germanistik. Sonderdruck*, (1), Peter Lang: Bern/Berlin 2013, S. 153–166.

10 Vgl. Nell, Werner: „Zur Begriffsbestimmung und Funktion einer Literatur von Migranten". In: Amirsedghi, Nasrin/Bleicher, Thomas (Hrsg.): *Literatur der Migration*. Donata Kinzelbach Verlag: Mainz 1997, S. 34–48; Chiellino, Carmine: *Die Reise hält an. Ausländische Künstler in der Bundesrepublik*. C.H. Beck: München 1988, S. 76–88; Chiellino, Gino: *Literatur und Identität in der Fremde. Zur Literatur italienischer Autoren in der Bundesrepublik*. Neuer Malik: Kiel 1989, S. 90–91; Scharf, Kurt: „Zuflucht bei der deutschen Sprache. SAID: ein persisch-deutscher Autor". *Iranistik* 8, 2005/2006, S. 49–59; Sartorius, Joachim: „Laudatio auf SAID", Weimar 22.3.2006; Thüne 2009; Camartin, Iso: „Nur nicht stehen bleiben! Preisträger des Chamisso-Preises. Der Dichter Said". *Schweizer Monatshefte* 12(1), 2006, S. 45–52.

der Fremde und des Sich-Einbringens in einen fremden Lebensraum vermittels der Sprache.

In seinem Vortrag anlässlich der *1en Mainzer Migranten Litera-Tour*, 1996, hebt Werner Nell die Bedeutung des Themas Exil hervor, und wie wichtig es für den iranisch-deutschen Autor ist, eine Stimme zu haben und sie „trotz des wiederholten Exils"[11] nicht zu verlieren. Nell betont, was der Umgang mit der deutschen Sprache für SAID und für viele andere in Deutschland exilierte Autoren bedeutet: Das Deutsche werde für sie zum notwendigen Mittel der Selbstvergewisserung und zum Sprachrohr, um über die eigenen Erfahrungen zu berichten.[12]

Auch Carmine Chiellino, der selbst in den 70er Jahren von Italien nach Deutschland ausgewandert und seit langem mit den Themen Migrationsliteratur und Integration beschäftigt ist, fokussiert sich in seinem Gespräch mit dem Dichter – nachzulesen in *Die Reise hält an* – auf das Thema Exil und auf SAIDs Entscheidung, die Sprache des Gastlandes für seine literarische Arbeit zu wählen. Chiellino verweist auf SAIDs Überzeugung, dass gerade die Verwendung der deutschen Sprache seitens der Nicht-Muttersprachler kulturelle Gemeinsamkeiten und Divergenzen zwischen deutschen und ausländischen Schriftstellern deutlich werden lässt. Dabei verbinde sowohl deutsche wie ausländische Autoren über die Sprache hinaus das ihnen allen gemeinsame Gefühl des „Fremdseins", das sich im Prozess des Schreibens manifestiere. Und doch sei die Sprache immer noch das große Unterscheidungsmerkmal, existiere die allgemeine Vorstellung, dass Ausländer kein Deutsch könnten und erst einmal richtig Deutsch lernen sollten. Dies führe dazu, schreibt Chiellino, dass Ausländer oftmals noch „deutscher" würden als die Deutschen.[13]

Auch Kurt Scharf thematisiert in seinem Aufsatz *Zuflucht bei der deutschen Sprache* SAIDs Entscheidung für das Deutsche als seine literarische Sprache, er bespricht weiter auch die Sonderstellung, die der

---

11 SAID: „Ich behalte meine Stimme für mich – für den nächsten Schrei". In: SAID: *Wo ich sterbe ist meine Fremde*. Peter Kirchheim: München 2000 (5. Auflage), S. 32.
12 Nell 1997, S. 43–46.
13 Chiellino 1988, S. 80.

Dichter unter den im Lauf der Geschichte exilierten persischen Autoren einnimmt.[14] So führt SAID auch Beispiele aus einer tiefen Vergangenheit an, als das Persische als Kultur- und Literatursprache eine so weite Verbreitung hatte, dass die Schriftsteller in ihrer Muttersprache weiter dichten konnten, wie Moulana Galal-od-Din Rumi im 13. Jahrhundert oder Hafez im 14. Jahrhundert, nachdem sie ihre Heimat aus politischen Gründen verlassen hatten. Auch der berühmte persische Autor Bozorg Alavi und der Lyriker Cyrus Atabay, die im 20. Jahrhundert in Deutschland Aufnahme fanden, entwickelten keine besondere Beziehung zur Sprache des Gastlandes: ersterer, mit 18 Jahren in Deutschland angekommen, schrieb weiterhin auf Persisch, Atabay war hingegen schon als Kind nach Berlin gekommen und mit der deutschen Sprache aufgewachsen, so dass sie für ihn eine Selbstverständlichkeit war. Bei SAID ist es anderes. Wie die aus der Türkei stammende Özdamar lernt er erst als Erwachsener Deutsch, und nachdem er die sprachlichen Hürden überwunden hat, entscheidet er sich, sein literarisches Werk ausschließlich in dieser Sprache, die er durch die Fremdheit seines Blickes zu bereichern weiß, zu verfassen. Zu einer neuen Heimat wird also für SAID die deutsche Sprache, die den Flüchtling aufnimmt, so gastlich sie konnte, wie der Lyriker selbst in *Der lange Arm der Mullahs: Notizen aus meinem Exil* schreibt.[15] Laut Scharf zeigen die Präzision und die Prägnanz der saidschen Sprache in allen seinen Texten (Gedichte, Essays, Tagebuchnotizen, Hörspiele, autobiographische Aufzeichnungen, Gesprächbücher usw.), wie weit er sich vom Geist seiner Muttersprache entfernt hat und wie tief er in die Seele der deutschen Sprache eingedrungen ist. Zugleich lasse sich jedoch feststellen, dass SAID oft auch auf die persische literarische Tradition zurückgreife, die in seinen Werken durch die Verwendung rhetorischer Figuren und Motive wie Tiere, Pflanzen, Blumen und Sterne Ausdruck finde. Auch deshalb bezeichnet Scharf den Schriftsteller als eine Brücke zwischen Europa und dem islamischen Kulturkreis.

Aus ähnlichen Gründen hat Joachim Sartorius in seiner Laudatio auf SAID den Schriftsteller als Brückenbauer bezeichnet, weil er der persischen

---

14 Scharf 2005/2006, S. 50 ff.
15 SAID: *Der lange Arm der Mullahs: Notizen aus meinem Exil.* C.H. Beck: München 2001³, S. 54. Im Folgenden zitiert als *Der lange Arm.*

und der deutschen Kultur treu bleibe, ohne zu versuchen, die eine gegen die andere auszuspielen[16]. Der Autor wird von Sartorius als mutiger und gründlicher Beobachter und Chronist angesehen, da seine Schriften sich für niemanden, für keine Partei und für keine Gruppierung instrumentalisieren ließen. So sei das literarische Schaffen von SAID laut Sartorius ein den Deutschen vorgehaltener Spiegel, in dem die Zustände im Iran und auch in Deutschland deutlich sichtbar würden.[17]

Das Bild des Brückenbauers wird schließlich auch von Eva-Maria Thüne benutzt. In ihrem Aufsatz über die mehrsprachigen Autoren in Deutschland betont sie, dass sich in SAIDs Werken zwei Tendenzen zusammenfügen: einerseits ein Trend zur Klarheit der deutschen Sprache, fast zum Purismus, andererseits der Rückgriff auf die orientalische lyrische Tradition, die sich ständig auf die Natur bezieht. Die Sprache sei aber nicht nur ein Vermittlungsinstrument zwischen den zwei verschiedenen Kulturkreisen, sie diene gleichzeitig auch als Mittel, um das Gefühl des Fremdseins und die Erfahrung des Exils zum Ausdruck zu bringen. Thüne spricht vom Schreiben der Erinnerung, weil das Thema des Gedächtnisses und des Verlassens der Heimat wie ein roter Faden das ganze lyrische und auch sonstige literarische Schaffen durchziehe. Die in Italien tätige Wissenschaftlerin analysiert *bekenntnisse eines chamäleons*, in dem der Autor die Metapher von zwei Flüssen anwendet, um von seiner zweisprachigen Erfahrung zu erzählen. Zwei Flüsse – zwei Sprachen –, die sich, obwohl ganz unterschiedlich, doch kreuzen und sich so gegenseitig bereichern. Allerdings gewähren sie dem Chamäleon so vielfältige Verwandlungsmöglichkeiten, dass das Tier sich verwirren kann,[18] was laut Iso Camartin bei SAID jedoch nicht eintritt. Camartin zufolge sei in den Schriften des iranisch-deutschen Schriftstellers nichts von den Identitätsschwierigkeiten zu finden, mit denen andere Menschen zu kämpfen haben, die in mehreren Sprachen zu Hause sind. Die Erfahrung der Relativität von „Eigenem" und „Fremdem" sei bei dem Dichter nicht zu beobachten. Er sei ein

---

16 Unter den vielen Migrantenautoren wurde auch die Schriftstellerin Emine Sevgi Özdamar häufig als Brückenbauerin zwischen Orient und Okzident bezeichnet. Di Bella, „Emine Sevgi Özdamar" 2013, S. 166.
17 Sartorius 2006.
18 Thüne 2009, S. 118–122.

aufmerksamer Wortkünstler, der die deutsche Sprache in einer so einzigartigen Weise manipuliere, dass in seinen Werken das, was bei ihm „Ursprünglich" ist, überhaupt nicht zu spüren sei. Alles werde einer Art sprachlicher Reinigungsprozedur unterzogen, die dennoch nichts Puristisches, Ängstliches und Kleinliches habe.[19]

Der Schriftsteller und seine Werke finden aber nicht nur seitens der Kritik Beachtung, sondern werden auch von den Lesern durchaus geschätzt, wovon u.a. die Übersetzungen seiner Bücher in mehrere Sprachen zeugen.[20] Die Forschungsliteratur zu dem Autor ist dennoch eher bescheiden, wenn man die intensive Aktivität SAIDs bedenkt, der seit Jahren bei verschiedenen Verlagen regelmäßig veröffentlicht. Auch eine monographische Studie fehlt bislang.

Die einzigen bis heute veröffentlichten wissenschaftlichen ausschließlich SAID gewidmeten Arbeiten stammen von Thomas Baginski, 2001 und 2004, der die saidschen Leitmotive unter soziologisch-politischen Gesichtspunkten untersucht, sowie von Arianna Di Bella, 2013, die den italienischen Lesern den iranisch-deutschen Autor über den Kreis der Germanisten hinaus bekannt zu machen versucht.[21]

Der Beitrag von Baginski, 2001 im German Quarterly erschienen, liefert zuerst eine allgemeine Einführung und historische Verankerung der Person und der Werke im Kollektiv der Literaten, die in Deutschland eine Zuflucht gefunden haben. Die politischen und gesellschaftlichen Bedingungen werden beleuchtet, unter denen SAIDs literarische Produktion sowohl im Iran als auch in Deutschland rezipiert wird. Es geht dann um einige Leitthemen, das

---

19 Dazu siehe auch Thüne und Camartin. Thüne 2009, S. 121 und Camartin 2006, S. 45.

20 Zum Beispiel: das Märchen *Es war einmal eine Blume* wurde ins Französische, Niederländische, Italienische und Slowenische übersetzt, *Sei Nacht zu mir* ins Englische und Gälische, *Dieses Tier, das es nicht gibt* ins Kroatische, der Roman *Landschaften einer fernen Mutter* ins Französische, Englische, Spanische und Bosnische, *Mukulele* ins Chinesische usw.

21 Vgl. Baginski, Thomas: „Von Mullahs und Deutschen: Annäherung an das Werk des iranischen Exillyrikers Said". *The German Quarterly* 74 (1), 2001, S. 21–35 und „SAID". In: Amoia, Alba/Knapp, Bettina L. (Hrsg.): *Multicultural Writers since 1945: an A-to- Z Guide*. Greenwood Press: Westport 2004, S. 442–446; Di Bella, Arianna: „Said, il poeta ribelle che ama le fiabe". *In*Verbis 1, 2013, S. 87–115.

Leben in der Emigration und das Exil als Lebens- und geistige Existenzform wie ferner die Motive „Identitätsverlust" und „Ich- und Identitätsfindung in der Fremde". Die Auseinandersetzung mit diesen Themen leistet Baginski durch eine sorgfältige Analyse des Märchens *Es war einmal eine Blume*, wobei auch die Symbolik der Figurenkonstellation betrachtet wird.[22]

Im Jahre 2004 beschäftigt sich Baginski wieder mit dem aus Iran stammenden Autor und veröffentlicht in *Multicultural Writers since 1945. An A-to-Z Guide* einen Aufsatz. Darin sind die wesentlichen biographischen Daten enthalten sowie kurze Stellungnahmen zu einigen seiner Texte: *Wo ich sterbe ist meine Fremde, Landschaften einer fernen Mutter*, ein weiteres Mal zu dem Märchen *Es war einmal eine Blume* und *Der lange Arm*.

In dem Beitrag *Said, il poeta ribelle che ama le fiabe* stellt Di Bella dem italienischen Publikum die Themenkomplexe Exil und Abschiednehmen vor, die eine große Rolle in den analysierten Texten *Landschaften einer fernen Mutter, Der lange Arm, Es war einmal eine Blume und Dieses Tier, das es nicht gibt* spielen. Insbesondere die letzten beiden Texte finden Beachtung, da sich an ihnen wegen ihrer phantastischen Darstellung die bedeutsame Komplexität des Stils zeigen lässt.

Ziel der vorliegenden Arbeit ist zum einen die Einordnung des Autors im Hinblick auf Sprachstil, Strukturen, Hauptfiguren und Figurenkonstellationen in seinem literarischen Schaffen, und zum anderen die diskursanalytische Untersuchung der saidschen Leitmotive Politik, Liebe und Religion.[23] Es wird sowohl der Zusammenhang der Motive in den Texten herausgearbeitet als auch auf die Rolle eingegangen, die sie in Bezug auf die individuelle Entwicklung des Schriftstellers spielen.

---

22 Baginski 2001, S. 22–23; 30–32.
23 Zur Einordnung wie zur Analyse werden neben der Forschungsliteratur auch die Gespräche mit dem Autor selbst herangezogen.

# Kapitel I: SAID

## I.1 SAIDs Leben zwischen dem Iran und Deutschland

Um SAID, „den Iraner, der zum Deutschen werden wollte",[24] zu verstehen, scheint es notwendig, bei seiner Herkunft und einigen wichtigen Fakten seines Lebens anzusetzen, die seine Zukunft bestimmt und seine Persönlichkeit geformt haben.

SAID, übersetzt: der Glückliche, wurde 1947 in Teheran in eine wohlhabende Familie hinein geboren. Elterliche Liebe lernt er in seiner Kindheit kaum kennen: die väterliche Familie verstößt die unerwünschte Mutter gleich nach der Geburt ihres Sohnes und der oft abwesende Vater vertraut ihn der Obhut von Tante und Großmutter väterlicherseits an.

Obwohl die beiden Frauen sich durchaus um ihn kümmern, sehnt sich SAID bis heute nach der elterlichen Liebe, an der es ihm als Kind mangelte. Dies betont er des Öfteren in seinen Werken, wenn er auf die Jahre seiner Kindheit Bezug nimmt.[25] Zwar hat ihn seine frühe oppositionelle Einstellung und das damit verbundene, zunächst freiwillige Exil sicherlich früher erwachsen werden lassen als seine Altersgenossen, doch die Einsamkeit und Leere seiner frühen Kindheit sind ihm bis heute ein Thema geblieben. So kehrt der Dichter in seinen Schriften immer wieder zu seiner Kindheit zurück und versucht auf diesem Wege endlich alle nie gelösten Fragen zu klären.

Von Jugend an ist er ein neugieriger und leidenschaftlicher Leser. In einem Interview erzählt er, dass sie als Schüler auf dem Gymnasium häufig Informationen über die gerade erschienenen Bücher austauschten, und dass die interessantesten Werke sofort ausverkauft waren, weil man dem Veröffentlichungsverbot zuvorkommen musste; man musste also schneller als der Zensor sein und sich die Bücher besorgt haben, bevor sie aus dem Handel zurückgezogen wurden.[26]

---

24 Vgl. Magris, Claudio: „Lingue e confini. SAID, l'iraniano che volle farsi tedesco". *Il Piccolo* 15.9.2007.

25 In seinen Werken bezieht sich SAID häufig auf seine Kindheit, zum Beispiel in: *Selbstbildnis für eine ferne Mutter, Landschaften einer fernen Mutter, In Deutschland leben* und auch im Text *Das Niemandsland ist unseres*.

26 Daran erinnert sich der Autor während eines Interviews mit Piero Salabè. Salabè 2007, S. 90.

Zahlreiche literarische Werke, die die einzigen Fenster zur Welt darstellen und die als regimefeindlich angesehen werden, dürfen im Iran nicht publiziert werden. So gibt es für Autoren und Künstler, die nicht das Exil wählen, nur zwei Alternativen: entweder Verhaftungen und Kerkerhaft in Kauf zu nehmen oder die eigenen Ideen mit der Aussicht auf Karriere und ein Leben in Luxus zu verraten.[27]

Unter diesen Umständen verlässt SAID 1965 seine Heimat und zieht als Student nach Deutschland, zunächst nach Frankfurt am Main und später nach München. Für den Siebzehnjährigen wird dies die Zeit seines ersten Exils.

Da er sich in Deutschland sofort politisch engagiert – die 68er Studentenbewegung kündigt sich an – und er aufs heftigste die politischen Zustände im Iran kritisiert, zudem 1973 zum Generalsekretär der CISNU (Confederation of Iranian Students, National Union), der einzigen Oppositionsbewegung gegen das Schah-Regime im Ausland, gewählt wird, ist für SAID an eine Rückkehr in den Iran nicht zu denken. Der Schah hatte nämlich ein Gesetz durch das Parlament erlassen, das jedes Mitglied von CISNU als Kommunisten zu zehn Jahren Haft verurteilte. Dies änderte sich, als am 16. Januar 1979 der Schah ins Exil gehen musste. Voller Hoffnung beschloss SAID wie viele andere, in die Heimat zurückzukehren.

So sah er 1979 Teheran wieder, aber sein Aufenthalt dauerte nur wenige Wochen. Als Ayatollah Chomeini, nach 17 Jahren ebenfalls aus dem Exil in den Iran zurückkehrte und die Islamische Revolution ausrief, begriff der Autor sehr schnell, dass seine Hoffnung auf eine demokratische Zukunft seiner Heimat vergebens war. Tief enttäuscht kehrte er wieder

---

27 Anonym: „Vom Terror des Schahregimes zum Blutrausch der Islamischen Republik". *Kürbiskern* 1985, S. 155–159. Der Artikel beschreibt zum einen, wie zunächst unter dem Schah, dann unter den Ayatollahs die Kultur im Iran systematisch zerstört wurde. Gleichzeitig weiß der anonyme Autor aber auch vom Kampf vieler berühmter Schriftsteller, Theaterregisseure und Wissenschaftler zu berichten. Genannt werden unter anderen Samad Behrangi, Beh Azin und Said Soltanpour. Sie lehnten es ab, Kollaborateure zu werden und mussten daher Haftstrafen über sich ergehen lassen. Des weiteren informiert der Artikel auch über das Veröffentlichungsverbot zeitgenössischer Autoren wie auch über das Verbot, einige bekannte Klassiker wie Obejd Zahani, Ivadj Mirza nachzudrucken, siehe S. 156–158 des Artikels.

nach Deutschland zurück und notierte in seinem Tagebuch: „die macht-haber wechseln: der terror bleibt"[28] und weiter in Bezug auf Chomeini: „der mann mit dem schwarzen turban der unser land verdunkelt".[29]

Die islamischen, vom Ayatollah eingesetzten Gerichte leiteten eine der schrecklichsten Hinrichtungswellen ein, die der Iran je erlebt hat. Den fast täglichen öffentlichen Hinrichtungen fielen nicht nur Beamte des alten Regimes zum Opfer, sondern auch oppositionelle Künstler, Kommunisten, Angehörige ethnischer und religiöser Minderheiten, Homosexuelle und Prostituierte. SAID musste erkennen, dass sein praktizierter Laizismus, seine Distanz zum fundamentalistischen Islam und seine Ablehnung jeder Art von Diktatur ihn zwangen, wiederum sein Land zu verlassen. Und obwohl er diese Trennung als sehr schmerzlich empfindet, entwickelt er gleichzeitig ein starkes Gefühl der Fremdheit gegenüber seinem Vaterland.

Diesen Eindruck, ein Ausländer in seinem Land geworden zu sein, gewinnt er schon 1979 während des kurzen Aufenthalts im Iran. Seine Heimat ist ihm fremd geworden, obwohl der Lyriker sich noch gut an die Gerüche und Farben der kleinen Gasse seiner Kindheit, wo sein Haus stand, erinnern kann, Farben und Gerüche, die es nur in Teheran gibt.[30] Claudio Magris schreibt 2007 in einem Artikel für die Zeitung *Il Piccolo*, dass von diesem Augenblick an für SAID Teheran das Exil darstellt und nicht Frankfurt oder München, und dass dieses zweite Exil fortan zu einem Existenzzustand wird.[31] Während dieses kurzen Aufenthalts im Iran, so bekennt der Autor später, habe er Rilke verstanden, wenn dieser in seinen *Duineser Elegien* zu der Einsicht kommt, dass es keinen Ort gibt, wo man bleiben kann.[32] Das Exil wird für ihn nach seiner endgültigen Rückkehr nach Deutschland eine Art Lebenszustand unabhängig von seinem Wohnsitz.

Die Rückkehr nach München bietet aber keine absolute Sicherheit, da SAID von nun an mit der ständigen Bedrohung leben muss, von den Häschern Chomeinis aufgespürt und getötet zu werden. Vielen seiner

---

28 SAID 2001, S. 13.
29 Ibid. S. 64.
30 SAID 2004, S. 13.
31 Magris 2007.
32 Salabè 2007, S. 91.

Freunde widerfährt dieses Schicksal tatsächlich: sie werden gefoltert und dann getötet, sowohl im Iran als auch im Exil. Die Angst, wie viele andere Schriftsteller in den Listen des Regimes als Gegner geführt und zum Tode verurteilt zu werden, kennzeichnet dieses zweite Exil des Autors und wird in dieser Zeit eines der Leitmotive seines literarischen Schaffens. Auch Deutschland ist für den Lyriker jetzt kein sicherer Ort mehr, wo er ruhig, weit entfernt von den Verfolgungen des iranischen Regimes, leben kann. Deshalb entscheidet er sich, in der Anonymität seine Zuflucht zu suchen. Fortan signiert er seine Werke nur mit seinem Vornamen, in Grossbuchstaben als SAID, und für lange Zeit bietet er seinen Lesern als Adresse nur ein Postfach an. SAID selbst erklärt während eines Interviews, warum er bei jeder seiner Veröffentlichungen seine Postfachnummer angibt:

> Ich bleibe also erreichbar für jemanden, der mich erreichen will, aber ich will mich nicht jedem mit meinen ganzen persönlichen Daten ausliefern. [...], dass die Postfachadresse auch eine gewisse Schutzmassnahme darstellt, privat und auch politisch.[33]

Das politische Engagement bleibt eine Konstante in SAIDs Leben. So ist er von 1995 bis 1996 Vizepräsident des westdeutschen PEN-Zentrums und leitet dessen „Writers in Prison Committee", eine nach 1945 gegründete Hilfsorganisation für verfolgte Autoren weltweit. Im Mai 2000 bis 2002, tritt der Autor die Nachfolge von Christoph Hein als Präsident des PEN-Zentrums Deutschland an, nachdem er von einer überwältigenden Mehrheit der Delegierten wiedergewählt wurde. Damit ist er der erste

---

33 Chiellino 1988, S. 77. Nima Mina schreibt auch, dass die Postfachnummer, 431018, D-80740 München, für SAID eine fast mystische Bedeutung bekommt, weil sie für lange Zeit das einzige Verbindungsmittel zur äußeren Welt scheint. Mina, Nima: „SAID. Un portrait". *Tangence* 59, 1999, S. 112–120, hier S. 115. In einem Artikel Axel Hackes liest man, SAID wisse, dass seine Post aus und nach Teheran vom iranischen Geheimdienst geöffnet wird. Einmal ist ein Brief durch die Photokopie des Originals ersetzt worden, ein anderes Mal hat jemand mit Wasser eine Nachricht unleserlich gemacht, die er in den Iran geschickt hatte. Vgl. Hacke, Axel: „Der Dichter mit der Trauer um seine verlorene Kindersprache". *Süddeutsche Zeitung* 24.2.1996.

Schriftsteller nicht deutscher Muttersprache, der einen solch hohen und wichtigen Verbandsposten bekleidet.[34]

Das gesamte literarische Werk umfasst bislang 27 Stücke verschiedener literarischer Gattungen. Dabei lässt sich eine gewisse Schwerpunktverlagerung in SAIDs Schaffen durchaus feststellen. So hat er in den ersten elf Jahren, also von 1981 bis 1992, neben einem Hörspiel *Ich und der Schah. Die Beichte des Ayatollah* (1987), ausschließlich Gedichtsammlungen veröffentlicht, die von Liebe, Exil und Hoffnung handeln: *Liebesgedichte von SAID* (1981), *Wo ich sterbe ist meine fremde* (1983), *Dann schreie ich, bis Stille ist* (1990), *Selbstbildnis für eine ferne Mutter* (1992).

Von 1995 bis 2006 schreibt der Dichter außer den Gedichtsammlungen *Sei Nacht zu mir, idegen szerelmek* (1998) *Aussenhaut Binnenträume* (2002) und dem Hörspiel *friedrich hölderlin empfängt niemanden mehr* (2001) ausschließlich Prosatexte, die Themen wie Politik, Liebe und Religion behandeln: *Der lange Arm* (1995), *Dieses Tier, das es nicht gibt.* (1999), *Landschaften einer fernen Mutter* (2001), *In Deutschland leben* und *auf den leib* (2004), *Ich und der Islam* (2005), *Das Rot lächelt, das Blau schweigt. Geschichte über Bilder* (2006). Dazu kommen die Märchen *Es war einmal eine Blume* (1998) und *Clara* (2001).

In den letzten Jahren, seit 2007, folgen bei SAID beinahe systematisch auf Prosaschriften lyrische Werke. Nun stehen wieder die Themen Religion, Exil und Liebe im Mittelpunkt. Zu den Gedichtsammlungen gehören *Psalmen* (2007), *Das Haus, das uns bewohnt* (2009) und *Ruf zurück die Vögel* (2010). Unter den Prosatexten wären das kleine Märchen *Mukulele* (2007), *Der Engel und die Taube* (2008), *Das Niemandsland ist unseres* (2010), noch ein Märchen *Ein Brief an Simba* (2011), die Märchensammlung *Hans mit der Hütte* (2012) und *parlando mit le phung* und nochmals ein märchenhafter Text *Schneebären lügen nie* (2013) zu nennen.

---

34 Dabei ist SAID ein durch und durch deutscher Dichter. In seinen Publikationen findet sich kaum Persisch-Exotisches. „Kein Wunder, dass die Kollegen ihn zum PEN-Präsidenten wählten: er ist in der Tat einer von ihnen", schrieb die Zeitung *Frankfurter Allgemein* vom 25.2.2003.

## I.2 Die deutsche Sprache als Freiheit

Warum entschließt sich SAID, in der Sprache des Gastlandes anstatt in seiner Muttersprache zu schreiben?

Für diese Entscheidung gibt es aus Sicht des Autors gewichtige Gründe. Zum einen das Bedürfnis, sich mit den ihm immer noch neuen Gegebenheiten des Gastlandes adäquat auseinandersetzen zu können und in der neuen Gesellschaft auch gehört zu werden. Angesichts der Ausländerfeindlichkeit in Deutschland in den ersten Jahren der zweiten Hälfte des 20. Jahrhunderts ist ihm dies ein besonders Anliegen. Die Türen, schreibt er in Bezug auf die 60er und 70er Jahre in Deutschland, öffneten sich oft in dem Moment, da man ein klares Deutsch sprach.[35] Zum anderen dürfte für seine Entscheidung auch das etwas hochmütig anmutende Verlangen eine Rolle gespielt haben, sich von den meist schlecht deutsch sprechenden Gastarbeitern unterscheiden zu wollen. In diesem Zusammenhang darf man nicht vergessen, dass es in den 60er Jahren und noch lange danach ein gewisses Misstrauen den Ausländern gegenüber gab. Um als Ausländer von der deutschen Gesellschaft überhaupt akzeptiert zu werden, betont SAID, war es unabdingbar, sich gut auf Deutsch ausdrücken zu können und sich so in der Sicht der Deutschen wohltuend von der Mehrheit der Ausländer abzuheben, die wenig bis gar keine Kenntnis der deutschen Sprache hatte. Weitere Gründe sind darüber hinaus natürlich auch der Wunsch bekannt zu werden und schließlich der Anspruch, die Literatur des Gastlandes um eine neue, „fremde" Perspektive zu erweitern und zu ergänzen.[36]

Vielfältig sind die Aspekte, um die die ausländischen Schriftsteller nach SAIDs Meinung die deutsche Literatur bereichern, indem sie nämlich deutsche Lebenswirklichkeit aus der Sicht eines Ausländers darstellen. Und in einem Interview betont er, dass es für einen ausländischen Autor auch im eigenen Interesse zwingend notwendig sei, in der Sprache seines Gastlandes zu schreiben; andernfalls erläge er unvermeidlich der Gefahr, sich in einem

---

35 SAID 2004, S. 27.
36 Claudio Magris betont, dass die beständige Mischung verschiedener Sprachen geradezu ein Merkmal der modernen multiethnischen Städte geworden ist, welches positiv auf die Sprechenden wirkt und sie bereichert: „Eine Sprache, die Neues in sich aufnimmt, ist wie ein Fluss, der andere Flüsse aufnimmt, um schließlich festzustellen, dass er breiter aber anders, ‚ein anderer' geworden ist [...]". Magris 2007.

Mikrokosmos wie in einem Ghetto einzuschließen, aus dem herauszutreten ihm nur mit großer Mühe gelänge:

> Ich glaube, dass ein Exilautor die Leser des Gastlandes ansprechen, nicht umgehen soll. Tut man das, verfällt man wieder dem Mikrokosmos, fällt man wieder in eine Art Ghetto zurück, und ich möchte nicht in einem Ghetto leben.[37]

Dazu kommt, dass SAID auf Deutsch auch andere in Deutschland lebende sprachliche Minderheiten wie Italiener, Portugiesen, Türken usw. erreichen kann. Damit gelingt es ihm, den Kreis derer zu erweitern, die er für die politische Situation im Iran interessieren und sensibilisieren möchte.[38]

Ohnehin hätte es für den Autor keinen großen Sinn, auf Persisch zu schreiben, da er in seiner Heimat keine Druckerlaubnis für seine Werke bekäme, in denen er immer wieder offen die herrschenden Zustände im Iran anprangert. So wird die deutsche Sprache für den Schriftsteller zur sicheren Zuflucht, zum Mittel, sich frei und ohne Angst ausdrücken zu können.[39]

Und man kann zu Recht sagen, dass der iranische Flüchtling in der deutschen Sprache eine neue Heimat gefunden hat, die ihm endlich erlaubt, sich als freier Mensch zu fühlen. Dabei ist es ein langer und schwieriger Prozess gewesen, in dieser neuen Sprache heimisch zu werden; er ging einher mit einem menschlichen Reifungsprozess und wurde gestützt und begleitet durch den Erfolg seines dichterischen Bemühens. Anfangs wird die deutsche Sprache von SAID, wie er selbst gesteht, mit der Vorsicht eines Schmugglers, der illegal eine Grenze überschreitet, genau erkundet, später eigensinnig und nicht frei vom Pathos, sich von den anderen Migranten unterscheiden zu wollen, gepflegt, und gelegentlich wird sie heftig angegangen, als wolle er ihre Intimität verletzen. In seiner Essaysammlung *In Deutschland leben* liest man noch:

> die neue sprache empfängt ihn schließlich so gastlich sie kann, sie nimmt ihn auf, [...] wie eine schöne dame geduldig den jugendlichen elan eines unerfahrenen liebhabers ausprobieren lässt. die reife geliebte weiß, erst wenn er sich ergibt, beginnt die liebe.[40]

---

37 Chiellino 1988, S. 87.
38 Baginski 2001, S. 26.
39 SAID bezeichnet die deutsche Sprache als eine Art „Gastgeberin", die ihn wie eine höfliche Dame aufnimmt und ihm „eine neue Haut" bietet. SAID 2001, S. 134–135.
40 SAID 2004, S. 33.

SAID hat sich dem Deutschen ergeben und völlig anvertraut und diese Sprache ist langsam die seine geworden. Während das Persische jetzt die Linie zwischen der Vergangenheit und der Gegenwart markiert, wird das Deutsche zum Symbol der Zukunft, einer neuen Grenze, und zwar der zwischen heute und morgen. Dazu trug sicherlich nicht unwesentlich bei, dass der Dichter, wie er selbst gern hervorhebt, gleich nach seiner Ankunft in Deutschland begonnen hat Deutsch zu lernen – neben dem täglichen Besuch eines Deutschkurses für Ausländer waren Wörterbücher, Zeitungen und Fernsehen seine bevorzugten Lernmittel.

Maß der Autor der Orthographie anfänglich große Bedeutung bei und beachtete sie sorgfältig, so schwand mit zunehmender Sicherheit darin diese Aufmerksamkeit und machte einem bewusst freieren Umgang mit der deutschen Rechtschreibung Platz. Beginnend mit seinem Werk *Dieses Tier, das es nicht gibt*, ein Bestiarium, respektiert er nicht mehr die übliche Interpunktion sowie die Regeln der Groß- und Kleinschreibung und, vielleicht um die Besonderheit seines Stils stärker zu betonen, verweigert er im Jahre 1996 für sich die Annahme der neuen Rechtschreibung.

In dem Werk *In Deutschland leben* bemerkt er weiter zur Sprache:

> man muß vielmehr – wie in der liebe – einen modus vivendi finden. irgendwann macht die sprache die tür auf, und gelobt seien alle götter, wenn das geschieht. aber von diesem augenblick an muß man der sprache mit respekt begegnen. man muß acht auf sie geben.[41]

Und er geht noch weiter, wenn er, ebenfalls 2004, auf dem Gipfel seiner Schriftstellerkarriere, selbstbewusst betont, in der Sprache und für die Sprache groß geworden zu sein: „als ich 17 war, wünschte ich mir, daß das deutsche ein teil von mir würde. heute bin ich 56 und weiß, daß ich ein teil dieser sprache bin".[42] Unbestreitbar ist SAID tatsächlich zu einem „Teil der deutschen Sprache" geworden, wie seine allgemeine Wertschätzung seitens des Publikums und der Kritiker beweist und wie sich an den vielen literarischen Preisen, die er in Deutschland erhalten hat, ebenso ablesen lässt, wie an den Übersetzungen seiner Werke in verschiedene Sprachen.

---

41 Ibid. S. 35.
42 Ibid. S. 28.

# Kapitel II. Das Prosaschaffen

## II.1 Die Politik als Hauptfigur. *Der lange Arm der Mullahs: Notizen aus meinem Exil* und *Es war einmal eine Blume*

Wie intensiv die Bindung des Autors zu seinem Vaterland Iran sein muss, das er nur unter Schmerzen und in völliger Resignation verlassen hat, lässt sich deutlich an vielen seiner politischen Texte ablesen, von denen hier *Der lange Arm der Mullahs: Notizen aus meinem Exil* und *Es war einmal eine Blume* näher betrachtet werden sollen.

Innerhalb der breiten Reihe von Texten, die SAID verfasst, um die von seinem Volk erlittene Diktatur offen anzuklagen, habe ich diese zwei zeitlich sehr nahen Werke ausgewählt, weil sie – jedes in seiner eigenen Art und Weise – am besten geeignet scheinen, die Stellungnahme des Autors gegenüber den politischen Ereignissen im Iran zu zeigen, die ihn ins Exil geführt haben.

Dabei gilt es auch zu zeigen, worin sich die beiden Werke unterscheiden und wie in ihnen jeweils das Thema Politik abgehandelt wird.

*Der lange Arm* erscheint dem Leser als eine Collage von verschiedenen Erzählstilen: eine Art perfekter Mischung aus Notizheft, Reportage und Dokumentarbericht. In verschiedenen chronologisch angeordneten Texten vom Herbst 1978 bis Februar 1994 wird hier ein Bild des Lebens im Iran während der Jahre der Diktatur unter Chomeini, wie auch des Lebens der Exilierten in Deutschland gezeichnet. Der Text ist gleichsam ein Exiltagebuch, in dem Zeitungsausschnitte, Briefe, Gedichte, Anekdoten, aber auch Erzählungen von Freunden, die dem Terrorregime in Teheran entkommen sind, versammelt sind.[43] Daneben finden sich Nachrichten, von denen man in unseren Medien weder liest noch hört, imaginäre Gespräche mit verstorbenen Freunden, sehr persönliche Gedanken und Überlegungen des Autors über Politik sowie über die komplizierte Situation eines Menschen im Exil.

---

43 Herta Müller bezeichnet das Werk als ein rebellierendes Tagebuch, in dem der Autor sein Land, das er nicht aufgeben könne, in deutscher Sprache für deutsche Leser darstellen wolle, wie es sich von Innen selber darstelle. Müller, Herta: „Es möge deine letzte Trauer sein". *Die Zeit* 11.8.1995.

In einem in der Süddeutschen Zeitung erschienenen Artikel nennt Anne Goebel alle diese Meldungen und Aufzeichnungen von SAID Spuren des Terrors, Beweise der iranischen Realität.[44] Ähnlich urteilt Cornelia Zetzsche wenn sie schreibt, das Werk könnte wie ein Protokoll des Terrors gelesen werden, in dem allesamt politische Botschaften enthalten sind.[45]

Michael Bauer sieht hingegen in *Der lange Arm* eine Sammlung von Sudelbucheinträgen, leidenschaftlichen Appellen, provokanten Vortragstexten, Aphorismen, schweijkschen Legenden und wahren Geschichten, die ganz konkret aufzeigen, was die Tragödie der Diktatur, die Spaltung eines Landes, sowie die Diaspora und das Verlorensein bedeuten. Er schreibt weiter, dass *Der lange Arm* auch als ein langer Brief des Abschieds, geschrieben in Reflexionen, Pamphleten und Zitaten angesehen werden kann, wo sich politische Fakten mit Schwarzhumorigem, mit persischer Chuzpe und Poesie abwechseln.[46]

Axel Hacke wiederum betrachtet SAIDs Text als ein anrührendes Bild des Irans aus der Ferne, voller Liebe und Trauer, zarter Melancholie und, wo der Autor seinen deutschen Alltag beschreibt, nicht ohne sarkastischen Witz.[47] Der Schriftsteller ist nämlich inzwischen „deutsch" geworden, er sage zum Beispiel ganz offen seine Meinung, er sei pünktlich und komme im Gespräch sofort zur Sache – alles im Iran ganz unüblich. SAIDs Leben in Deutschland, im Exil, in der Fremde bleibt aber ständig mit dem Iran verbunden, mit seiner Heimat verknüpft, wofür *Der lange Arm* nur ein kleiner Beweis ist.

Im Klappentext des Buches wird der Lyriker als sensibler Chronist beschrieben, ein wacher Beobachter des Zeitgeschehens, der aus einem einzigartigen Mosaik unterschiedlicher Textsorten ein Stück Literatur entstehen lässt. So bietet das Werk ein impressionistisches Bild der iranischen Wirklichkeit, das in seiner Palette der Farben vom dunklen Schwarz der Hinrichtungen und Todesurteile bis zu den helleren und wärmeren Tönen

44 Vgl. Goebel, Anne: „Spuren des Terrors". *Süddeutsche Zeitung* 17.1.1996.
45 Vgl. Zetzsche, Cornelia: „Diese brüchige Haut der Seele". In: Tworek, Elisabeth (Hrsg.): *Fremd(w)orte. Schreiben und Leben – Exil in München*. A1 Verlag: München 2000, S. 9–21, hier S. 11.
46 Vgl. Bauer, Michael: „Reflexionen über Heimat und Exil". *Süddeutsche Zeitung* 8.4.1995.
47 Hacke 1996.

reicht, die für die Kraft und Zähigkeit der Leute stehen, welche im Iran der Diktatur trotzen. *Der lange Arm* ist somit ebenso sehr ein Dokument der unmenschlichen Verbrechen wie eines der ungebrochenen Humanität – ein Buch, das auf geradezu beiläufige Weise anklagt, wie auch eines, das auf ebenso verhaltene Weise Mut macht: Mut nämlich, trotz eigener Hilflosigkeit die Machenschaften der Mächtigen nicht einfach hinzunehmen.[48]

Der Schriftsteller ist davon überzeugt, dass ihm durch das Exil viele Türen verschlossen werden und nur ein Fenster mit Blick auf Teheran geblieben ist, durch welches er, der im Exil zum Niemand geworden ist, fortwährend mit Hoffen und Bangen schaut, ohne etwas tun und ändern zu können.[49] Wenn auch im Laufe der Jahre die Anklagen gegen das iranische Regime immer mehr an Gewicht zunehmen, so glaubt der Autor dennoch nicht, etwa Lehren erteilen oder Ratschläge zum politischen Handeln geben zu dürfen. In einem Interview mit dem italienisch-deutschen Schriftsteller Carmine Chiellino gesteht SAID ganz offen:

> Nein, von Programmen und konkreten Vorschlägen ist, zumindest in meinen Werken, nicht die Rede. Die Rede ist von einem Stück Verlust, vom Verlust an einer Sache, an der ich hing [...], die aber verloren gegangen ist, nämlich die Heimat.[50]

Vielmehr ist er der festen Überzeugung, auf die Realität in seinem Geburtsland keinen Einfluss nehmen zu können.

SAIDs Zerrissenheit angesichts der schier aussichtslosen Lage lässt sich tatsächlich in seinem Werk *Der lange Arm* gut ablesen. Verschiedene Gemütszustände wechseln sich hier ab. Sie reichen von Resignation, Humor und Annahme seiner Exilrealität bis hin zum Bedürfnis, öffentlich Anklage zu erheben und aktiv am Kampf gegen den Totalitarismus in seinem Land teilzunehmen. Und dieser häufige Stimmungswechsel des Autors findet seine Entsprechung im Wechsel der verschiedenen Stilformen des Textes. So lässt sich diese Sammlung von Briefen und persönlichen Gedanken, die das Publikum an seinen innersten Überlegungen teilnehmen lässt, als Beleg dafür lesen, wie sehr der Autor noch immer von dem, was in seiner alten Heimat passiert, berührt und ergriffen ist, und wie sehr er darunter

---

48  SAID 2001, Klappentext.
49  Ibid. S. 7.
50  Chiellino 1988, S. 79.

leidet. Doch ebenso kann man darin den Versuch sehen, von den berichteten Nachrichten einen gewissen Abstand zu gewinnen. So wenn er in Bezug auf die Veröffentlichung eines Buches von Peter Weiss im Iran notiert:

> *Die Verfolgung und Ermordung J.P. Marats* erscheint als erstes Werk von Peter Weiss in Persisch.
>
> Da im Iran bekanntlich niemand verfolgt wird, kann dieses Werk ruhig veröffentlicht werden.[51]

oder weiter in Bezug auf den Schmerz eines im Exil lebenden Übersetzers:

> *Draußen vor der Tür* von Wolfgang Borchert erscheint.
>
> Der Übersetzer ist inzwischen nach Deutschland geflohen.
>
> Nun wartet er selbst draußen vor der Tür.[52]

Der Dichter selbst sagt, dass er die endgültige Form dieses Werkes nicht vorhergesehen habe. Vielmehr habe sie sich erst im Verlauf des Schreibens herausgebildet und nur dank der Beharrlichkeit eines Freundes habe er sich dazu entschlossen, einen Verlag für diesen Text zu finden.[53] Das Schreiben über die Erfahrungen von getöteten oder verhafteten und gefolterten Freunden und Bekannten sei für ihn als Schriftsteller eine Art seelischer Rettung, eine Kompensation des Schuldgefühls, das ihn überkomme, weil er für sich das Exil gewählt habe im Gegensatz zu denen, die im Land geblieben sind, um zu kämpfen und Widerstand zu leisten und deswegen auch gestorben sind. Ein Schuldgefühl, das jeder Überlebende kennt, das ein Bestandteil des Exils ist. Bei SAID wird es manchmal geradezu unerträglich, wenn er zum Beispiel aus dem Iran kontaktiert wurde, um in Deutschland lebenden Verwandten den Tod eines Opfers des Regimes mitzuteilen. So sei für den Autor die Veröffentlichung des Werkes nicht nur eine Möglichkeit, die Brüche aufzuzeigen, die einzelnen Bruchstellen sichtbar zu machen, sondern auch die Leser mit den Ereignissen in seiner Heimat zu konfrontieren. In diesem Zusammenhang kommt Baginski zu dem Schluss, SAIDs Werk sei eigentlich eine Kritik an der kapitalistischen Kultur des Westens,

---

51 SAID 2001, S. 51.
52 Ibid. S. 64.
53 Salabè 2007, S. 94.

die vor diesen Grausamkeiten die Augen verschlossen habe und mit ihrem Schweigen und ihrer passiven Kollaboration Beihilfe zum Terror leiste.[54] Darüber hinaus wird *Der lange Arm* als ein weiterer Versuch des iranisch-deutschen Autors angesehen, den Opfern der Diktatur eine Stimme zu geben, worunter sowohl die Exilierten als auch diejenigen, die im Iran geblieben sind, um gegen das Vergessen zu kämpfen, zu verstehen sind.[55]

So kann man in *Der lange Arm* einerseits eine Huldigung an die in der Heimat gebliebenen Freunde sehen, aber auch ein Zeichen der Solidarität mit denen, die ins Exil gegangen sind, um nicht unter einer Diktatur leben zu müssen.

Aber welche Bedeutung hat das Wort Heimat für SAID, und welchen Sinn gibt es ihm? Die viel geliebte und gleichzeitig auch scharf kritisierte Heimat wird im Text deutlich als Schaubühne von Verbrechen dargestellt, die im Namen der islamischen Religion begangen werden. Dazu gehören öffentliche Hinrichtungen, Todesurteile (wie z.B. gegen Salman Rushdie, dem der Lyriker einige Fragen im Text stellen möchte),[56] Frauenunterdrückung, Künstlerverfolgung, Kunst- und Kulturzerstörung und Intoleranz gegen alles, was anders ist. Gleichzeitig sieht der Autor in seiner Heimat aber auch einen Ort, wo sich eine große, stolze Menschlichkeit manifestiert, die sich von der Gewalt nicht brechen lässt. Der Iran scheint also präzise Konturen zu haben und der Schriftsteller empfindet auch eine starke Zugehörigkeit zu seinem Vaterland, doch gleichzeitig hat er das Gefühl, heimatlos zu sein, denn die Heimat, die er kannte, existiert nicht mehr. In *Der lange Arm* heißt es dazu: „Ich weiß, daß ich keine Heimat mehr habe. Denn die Heimat ist die Zeit, die wir verloren haben"[57] und ähnlich im späteren Werk *In Deutschland leben*: „heimat ist ein begriff des unbewußten".[58] Die Heimat, die SAID in der deutschen Sprache findet,[59] hat also keine

---

54 Baginski 2004, S. 444.
55 Ibidem.
56 SAID 2001, S. 89–91.
57 Ibid. S. 136.
58 SAID 2004, S. 22.
59 SAID schreibt: „Meine eigentliche Heimstätte/ ist die deutsche Sprache,/ die mir Zuflucht geboten hat./ Eine Zuflucht, eine Liaison, eine unendliche Liebesgeschichte,/ die lange dauern wird;/ ein drittes Exil lang". SAID 2001, S. 136.

echte räumliche Realität sondern stellt eine unbewusste Wirklichkeit dar, wie Christina Herrmann betont.[60] Francine Rouby stimmt mit Herrmann überein, wenn sie schreibt, dass SAID sich weder in seiner Heimat, im Iran, noch in Deutschland zurecht findet, sondern genau wie der Übersetzer von Wolfgang Borchert, vor der Tür steht und, dass er zu einem „Ewigen Juden" geworden ist, der kein Zuhause hat.[61] Diesen Gedankengang aufnehmend kann man feststellen, dass die Heimat und das Exil, Iran und Deutschland für ihn ähnliche Züge annehmen. Ali Reza Zarrin vertritt ebenfalls diese Deutung, wenn er sagt, dass auch das Exil keine realen geographischen Räume hat, und Herrmann bemerkt dazu, dass für den Schriftsteller der Exilraum eigentlich ein unbewusster Raum zu sein scheint[62]. Seine Exiler-fahrung befindet sich zwischen den Grenzen zweier Welten, in denen er sich nie zu Hause fühlen wird, und dieser einzigartige Ort wird „drittes Ufer" genannt, ein Ort, wo der Begriff der zeitlichen Dimension eine besondere Bedeutung gewinnt – es ist die verlorene Zeit, die verpasste Zeit.[63] An die-sem „dritten Ufer", das der iranisch-deutsche Autor im Werk *Das Nie-mandsland ist unseres* auch „Niemandsland" nennt,[64] entwickelt sich ein anderes Zeitgefühl, weil sich die Exilierten in geistiger wie in körperlicher Hinsicht von ihren Mitbürgern getrennt fühlen. Eben dazu bemerkt Herta Müller, dass es ihm gut gelinge, die Spannung zwischen Nähe und Distanz auszuhalten, eine ständige und lebendige Spannung zwischen dem Iran und Deutschland, die in seinen Texten mit Händen zu greifen sei.[65]

Diese Spannung zwischen Nähe und Distanz, Gegenwart und Vergan-genheit, Gastland und Vaterland finden wir auch in einem anderen Werk SAIDs *Es war einmal eine Blume*. Dieser Text unterscheidet sich stilistisch in vielfacher Hinsicht vom soeben besprochenen *Der lange Arm* und fügt der Anklage gegen die iranische Diktatur eine weitere Nuance hinzu.

---

60 Vgl. Herrmann, Christina: *Transgressing liminal spaces: Three perspectives of the Iranian dilemma & exile in Germany*. ProQuest: Ann Arbor 2010, S. 21.
61 Vgl. Rouby, Francine: „Said Bewegung bis zur Ent-Fremdung. Ein Portrait". *Germanica* 38, 2006, S. 157–171, hier Kapitel II.4 dieser Arbeit.
62 Vgl. Zarrin, Ali Reza: „Moruri Bar Chisti-ye Adabiyyat-e Mohajerat Va Tab'id-e Iran". *Arash* 100, 2007, S. 23–25, hier S. 25. Ebenfalls Herrmann 2010, S. 21.
63 Ibidem.
64 SAID: *Das Niemandsland ist unseres*. Diederichs: München 2010, S. 92.
65 Müller 1995.

*Es war einmal eine Blume* wurde von Denis Cheissoux und Patrice Wolf als eine Parabel voller Poesie, ein farbiges Patchwork bezeichnet.[66] Dieses moderne Märchen ist auch heute noch einer der bekanntesten Texte des iranisch-deutschen Schriftstellers und nimmt in seinem Schaffen eine besondere Rolle ein. Betrachtet man – unter chronologischen und formalen Gesichtspunkten – die sonstige literarische Produktion SAIDs in den 80er und 90er Jahren, so fällt seine Entscheidung für ein Märchen zu diesem Zeitpunkt tatsächlich aus dem Rahmen. Es folgt nämlich auf eine lange Reihe analytischer und anklagender Texte dokumentarischen Charakters wie *Ich und der Schah*. *Die Beichte des Ayatollah* und *Wo ich sterbe ist meine Fremde, Dann schreie ich, bis Stille ist, Selbstbildnis für eine ferne Mutter*, und den oben untersuchten Text *Der lange Arm*. All diese Texte bieten wahrlich keinen Raum für eine märchenhafte Welt voller farbiger und sprechender Blumen, wie wir sie in dem nun zu betrachtenden Text finden werden.[67]

So lässt sich vermuten, dass ein Kindermärchen zu diesem Zeitpunkt SAID hilft, die notwendigerweise harten und bitteren Töne der Anklage, die seine übrigen Schriften erheben, vergessen zu machen und die raue Wirklichkeit seines Exils durch eine Reise ins Land der Phantasie erträglicher zu gestalten. Der Text des Märchens weist eine einfache und leicht verständliche Sprache auf; seine imaginäre Welt ist für den Dichter gleichsam eine Oase, die ihn sein Gefühl der Verbitterung leichter ertragen lässt. Doch ist der Inhalt sehr komplex und enthält teilweise autobiographische Züge. Die Art, wie der Autor hier die Märchen oder phantastischen Episoden dazu nutzt, sein verletzliches und empfindsames Gemüt zu beruhigen, lässt tatsächlich an einen Heranwachsenden denken, der sich

---

66 Vgl. Cheissoux, Denis/Wolf, Patrice: „L'as-tu lu mon p'tit loup", URL http://www.said.at/presse.html, letzter Zugriff 30.4.2014.

67 *Es war einmal eine Blume* lässt, wie die anderen Märchen, den Einfluss persischer Modelle leicht erkennen. Häufig kommen zum Beispiel Motive wie Blumen, Tiere und Sterne vor, die typische Tropen der lyrischen Tradition des Orients sind, und sie werden bei SAID zu Hauptfiguren seiner Geschichten. Damit stellen, wie Eva-Maria Thüne und Piero Salabè zeigen, die Märchen und Gedichte das Verbindungsglied dar zwischen der persischen Tradition, die in SAIDs literarischem Schaffen immer auch präsent ist, und der deutschen Tradition. Thüne 2009, S. 121; vgl. ebenfalls Salabè 2007, S. 91.

vor den drängenden Fragen, die das Leben ihm stellt, hin und wieder in eine Scheinwelt flüchtet.

SAIDs Leitmotiv ist zwar auch hier die Politik und Randthemen wie Abschied, Exil und die Suche nach einer Identität sind, wie üblich, zu erkennen. Neu ist hingegen, dass diese Mischung miteinander verbundener Stoffe jetzt hinter der scheinbaren Leichtigkeit einer märchenhaften Erzählung verborgen ist. Dabei bedient sich der Autor klassischer Leitmotive,[68] so der Bildungsreise der Hauptfigur und der Suche nach etwas, das in dem Märchen *Es war einmal eine Blume* tatsächlich eine Blume ist.

Sie glaubt, farblos zu sein, weil sie weiß, dass dem Regenbogenfalter, der die Farben verteilt, der Zugang zu dem Garten, wo sie geboren wurde, verwehrt ist. Und zwar, so erzählt die Blume:

> [...] seitdem es in unserem Garten Wächter gibt. Sie hassen Schmetterlinge, weil sie den Zaun überfliegen können. Einmal haben sie den Regenbogenfalter fast erschlagen. Da verließ er unseren Garten und flog fort.[69]

Im weiteren Verlauf der Geschichte wird berichtet, wie sich die kleine, starrköpfige Blume entschließt, auf die Suche nach dem Schmetterling zu gehen. Und natürlich hat die Geschichte ein Happy End.

Das Märchen ist reich an Metaphern, die vielerlei Deutungen zulassen. So hebt Baginski die politischen und biografischen Aspekte der Geschichte hervor und ist davon überzeugt, dass ihr Anfang auf Teheran und das dort erlebte Gefühl des Fremdseins anspielt, das SAID einst dazu brachte, sich auf die Suche nach einer neuen Heimat zu begeben.[70]

Doch wenn auch die Blume ohne Farbe zunächst für den Autor selbst steht, so lässt sich die Metapher dahin erweitern, dass sie in einem weiteren Sinne alle Menschen repräsentiert, die noch nicht ihre eigene Identität gefunden haben, egal ob sie Auswanderer, politische Flüchtlinge oder einfach Menschen auf der Suche nach sich selbst sind.

---

68 Vgl. Apel, Friedmar: *Die Zaubergärten der Phantasie: Zur Theorie und Geschichte des Kunstmärchens.* Carl Winter: Heidelberg 1978; Grätz, Manfred: *Das Märchen in der deutschen Aufklärung: vom Feenmärchen zum Volksmärchen.* J. B. Metzlersche Verlagsbuchhandlung: Stuttgart 1988.
69 SAID: *Es war einmal eine Blume.* Neugebauer Verlag: Salzburg 2004², S. 5.
70 Baginski 2001, S. 27.

Auch der Regenbogenfalter, der am Anfang ungestört den Zaun des Gartens überfliegen und den Blumen die Farben zuteilen durfte, kann vielfältig interpretiert werden. Sein freier Flug steht für den freien Gedankenflug der Menschen wie auch für die Vielfältigkeit der Ideen. Sie können nun nicht mehr zum Ausdruck gebracht werden, denn der Garten – der Iran – hat neue, strenge Wächter. Darüber hinaus wurde der bunte Falter als Metapher für alle Feinde des islamischen iranischen Staates und wegen der Mannigfaltigkeit seiner Farben auch als Symbol der Multikulturalität betrachtet.[71]

Auch die große Platane des Märchens gibt zu verschiedenen Deutungen Anlass. Sie kann, von der kleinen Blume um Hilfe gebeten, deren Fragen nicht beantworten. Denn die Platane hat sich nie um die vielen Schmetterlinge gekümmert, die auf ihren Zweigen Halt machten, um sich auszuruhen oder miteinander zu unterhalten. Sie ist nie mit ihnen ins Gespräch gekommen und weiß daher nichts von der Welt der Schmetterlinge.

Die Platane, ein Bild für Solidität und Stabilität, könnte zum Beispiel auch das deutsche Volk symbolisieren, das offen und bereit ist, verschiedene Kulturen und Lebenswirklichkeiten aufzunehmen. Die große tolerante Platane gesteht der Blume ganz offenherzig: „ich freue mich nur, wenn sie kommen".[72] Dies verweist aber auf einen negativen Aspekt im Verhalten der Platane: sie kümmert sich nicht weiter um das Leben der Schmetterlinge, sondern beschränkt sich nur darauf, sie zu tolerieren, sie aufzunehmen.[73] Ein solches Verhalten lässt auf ein mangelndes Interesse am Anderen schließen, den sie nur toleriert ohne jedoch ein echtes Bedürfnis zu zeigen, ihn zu verstehen.[74] Positiv festzuhalten bleibt

---

71 Ibid. S. 28.
72 SAID 2004², S. 17.
73 Das Thema Toleranz kommt auch in anderen Werken SAIDs vor. So schreibt er in *Dieses Tier, das es nicht gibt*, dass die Ziege an katholischen Feiertagen vom Kirchturm herab Toleranz predigt und in *Das Niemandland ist unseres* heißt es, dass Toleranz heutzutage mit Indifferenz verknüpft werde, da die Toleranz kein Zustand, sondern eine Ausgangsposition sei, eine Bewegung aufeinander zu. SAID: *Dieses Tier, das es nicht gibt*. C.H. Beck: München 2001², S. 81 und SAID 2010, S. 73–77.
74 Diese Interpretation scheint in weiteren Passagen des Märchens bestätigt zu werden. Während der Suche begegnet die Blume einem farbigen Luftballon und fragt ihn, woher er seine Farbe habe. Der Luftballon erzählt, dass er sie

immerhin, dass die Platane alle Schmetterlinge aufnimmt, die sich auf ihr niederlassen, darin vergleichbar dem alten Mann, auf den die kleine Protagonistin in einer fernen Stadt trifft und der sie glücklich machen wird. Der Alte, der nicht sprechen kann, und daher auf Gebärdensprache angewiesen ist, um mit anderen zu kommunizieren, lädt die Blume ein, in den verzauberten Garten seines Herzens einzutreten. Erst hier, im Miteinander mit den bunten Blumen an einem ihr bislang unbekannten Ort, wird der Hauptfigur bewusst, immer schon eine eigene Farbe besessen zu haben und nie farblos gewesen zu sein. Da sie sich sehr gut aufgenommen fühlt, beschließt sie, für immer zu bleiben.

In der Kernaussage, darin stimmen die vielen möglichen Interpretationen überein, enthält das Märchen eine Botschaft: den Verweis auf ein kosmopolitisches Ideal, das am Ende der Geschichte aufleuchtet und auf die Biographie des Autors anspielt.

Der bunte Garten wäre dann eine Metapher für SAIDs Traum von einer multikulturellen Gesellschaft, die als harmonisches Miteinander verschiedener Kulturen und Lebenswirklichkeiten verstanden wird, in gegenseitiger Solidarität verbunden und nicht durch Konflikte entzweit. Die Deutung ist sicher erlaubt, in dem bunten Garten ein Symbol für Europa bzw. für Deutschland zu sehen, den Ort, wo sich SAIDs Traum in Realität verwandelt hat. Obwohl hier Europa positiv beurteilt und als Land der Freiheit angesehen wird, kommt der Autor nicht umhin, sein Publikum auch auf das hinzuweisen, was sich hinter diesem wundervollen Aussehen verbirgt. In späteren Werken, zum Beispiel *Das Niemandsland ist unseres*, kritisiert er sehr deutlich das politische Handeln Europas. Er erinnert daran, dass

---

erhalten habe, als ein Kind ihn unter vielen anderen Luftballons aussuchte und aufblies. Hoffungsvoll fragt die Blume, ob auch sie ihre Farbe von einem Kind bekommen könne, aber der Luftballon fliegt weg, ohne sie einer Antwort zu würdigen. Baginski vergleicht die bunten Luftballons mit den Deutschen und erkennt in der Lebhaftigkeit des Luftballons die Metapher einer offenen Haltung, die das deutsche Volk kennzeichne. Doch ebenso lässt sich der Luftballon, der nicht fest im Boden verankert ist, als Symbol der Indifferenz anderen Lebenswirklichkeiten gegenüber verstehen, die in Deutschland beheimatet sind. Dazu passt, dass der Luftballon ganz schnell in den Himmel entschwindet und nicht daran denkt, der armen Blume zu helfen, die er mit einem einfachen: „Wiedersehen, Blume!" zurück lässt. SAID 2004², S. 22.

die Folterinstrumente im Iran und allüberall auf der Welt großenteils aus Europa stammen, dass Europa den Folterern Handschellen, Elektrogeräte, Gummiknüppel, Giftgas und Gasspürpanzer liefert. So wird Europa immer reicher, während die Entwicklungsländer immer ärmer werden. In diesen späteren Beschreibungen wird Europa zu einem alten Seelenverkäufer voller Atommüll, einem alten Barden, der auf allen Jahrmärkten auftritt und unverständliche Geschichten erzählt. Gleichzeitig gesteht aber der Autor, wie sehr er sich freut, hier frei arbeiten zu können und schreibt weiter:

> und das kind, nun seit 37 jahren auf der flucht [...] auf diesem kontinent, behauptet noch immer [...] wie reich es von diesem kleinstkontinent beschenkt ist: das kind kann hier frei denken, seine gedanken frei äußern und arbeiten. was das kind dort, wo sein zuhause ist [...] nie durfte. und auch nicht darf.[75]

und in Bezug auf das deutsche Volk äußert er: „ich habe keinen zweifel, daß die deutschen die besseren europäer sind. [...], weil die deutschen an europa glauben und unbedingt europäer werden wollen".[76]

Es gilt jedoch zu bedenken, dass der Garten des Märchens *Es war einmal eine Blume* im Herzen des großherzigen alten Mannes gelegen ist. Mag dieses Bild auch als Symbol für Harmonie und Frieden, für die kosmopolitische Heimat aller Völker stehen, so ist es ein utopischer Ort, der sich, wenn überhaupt, nur im Rahmen einer individuellen Innerlichkeit verwirklichen lässt. Diese Überzeugung, so scheint mir, ist ebenfalls fester Bestandteil der Botschaft, die der Lyriker seinen Lesern mit seinem Märchen nahe bringen möchte.

Wenn man den Dokumentarstil des Werkes *Der lange Arm* mit dem Erzählstil von *Es war einmal eine Blume* vergleicht, stellt man fest, dass beide mit ihren je eigenen Merkmalen es dem Autor ermöglichen, einen gewissen emotionalen Abstand zu wahren. Dabei erweist sich das Erzählen von Märchen wahrscheinlich sogar als wirkungsvoller als eine Dokumentation. Während nämlich die Dokumentation nur darstellt und behauptet, nimmt das Kindermärchen einen emotionalen Gestus ein und gewinnt durch sein werbendes Wort.

---

75 SAID 2010, S. 102–103; 108–110.
76 Ibid. S. 108.

*Es war einmal eine Blume* gibt der Hoffnung auf ein besseres Leben viel Raum, einer Hoffnung, die SAID in *Der lange Arm* fast unmöglich scheint. Nur ein kleiner Schimmer von ihr wird sichtbar im Kampf der in ihrer Heimat verbliebenen Iraner. Wird hier also die geliebte Heimat als Bühne von Verzweiflung, Tod und Terror dargestellt, so bietet das Märchen eine neue Heimat, wo die Blume – der Mensch – endlich er selbst sein kann, ohne Angst, Zensur und Verbot. Ob diese neue Heimat wirklich existiert und erreichbar ist oder unerreichbar bleibt, lässt der Dichter offen. Wie üblich muss der saidsche Leser es selbst herausfinden. Das Märchen bietet mehrere Lösungen an und lässt mehrere Hypothesen zu. Es ist eben ein Märchen, allen Menschen zugänglich, die Antwort auf die Fragen suchen, wo Heimat ist und welchen Sinn das Leben und die Lebenserfahrungen haben.

## II.2 Versuch über die Liebe: *parlando mit le phung*

Mit seinem 2013 erschienenen Buch *parlando mit le phung*[77] legt SAID seinen bislang zweiten Roman vor, der sich ganz dem Thema Liebe widmet. Teils autobiographisch gefärbt, wurde dieser Text schon als Gesang einer Liebe apostrophiert.[78] Die acht Kapitel handeln genau genommen von einer kleinen, beinahe poetisch und manchmal auch, laut Herbert Heinzelmann, ein bisschen kitschig erzählten Trennungsgeschichte, die vom Leser rasch gelesen werden kann:[79] der Erzähler, ein von seiner Geliebten verlassener Mann, und gleichzeitig die Hauptfigur des Werkes, in der sich unschwer SAID selbst erkennen lässt, räsoniert über das Geschehen. Damit wird *parlando* auch ein Buch über den Verlust, ein Thema und Zustand, den der Autor sehr gut kennt. Näher betrachtet geht es um den Verlust der Behaustheit, die die Hauptfigur, und auch der Autor mit ihm, dank der Liebe zeitweilig im Exil hat finden können und die er dann wieder verloren hat.

---

77 SAID: *parlando mit le phung*. Steidl: Göttingen 2013. Im Folgenden zitiert als *parlando*.
78 So heißt es in einer Rezension des Buches *parlando*, erschienen im Feuilleton des Verlags Steidl über die Neuerscheinungen im Frühjahr 2013.
79 Vgl. Heinzelmann, Herbert: „Erst mit dem Fisch verschwindet auch die Erinnerung". *Nürnberger Zeitung* 13.9.2013.

Die Erzählung dieser Liebesgeschichte wird ins Jahr 2011 datiert, drei Jahre nachdem sie endete.[80] Gleich mit den ersten Sätzen des Erzählers, der melancholisch an seine damalige Geliebte denkt, begreift der Leser, wie tief und intensiv diese Liebe empfunden wurde. Der Verlust dieser Liebe schmerzt den verlassenen Mann immer noch, und so beschließt er, die Erinnerung an diese schönen vergangenen Momente wieder wachzurufen und von ihnen – sich zur Tröstung – zu erzählen. Oder sollte man besser sagen, zu singen? Denn der Titel *parlando* verweist auf den musikalischen Bereich, „parlando" bezeichnet in der Musik eine Art Sprechgesang und in der Instrumentalmusik einen sprechenden, ausdrucksvollen Vortrag. Dieser Vortragscharakter kennzeichnet tatsächlich weite Teile des saidschen Textes, so als ob jemand gleichzeitig zuhört, ohne selbst das Wort zu ergreifen. Bedenkt man dabei noch, dass man „im leichten Parlando" Belangloses von sich gibt[81] bzw. miteinander darüber „parliert", so kann man hinter dem Titel *parlando*, einer gemischt italienisch-deutschen Formulierung (redend mit le phung) einen echten Dialog zwischen Gesprächpartnern vermuten, der eine gewisse Unverbindlichkeit suggerieren möchte. Denn die Hauptfigur redet tatsächlich mit jemandem. Ist also der Text gleichzeitig Vortrag, Monolog und Dialog? Wie bewerkstelligt der Lyriker dies? Welchen Gesprächspartner hat der verlassene Mann? Wer ist le phung?

Zunächst bemerkt der Leser erstaunt und belustigt, dass es sich dabei um einen Fisch handelt, den der Erzähler einst von seiner Freundin geschenkt bekam. Diesem Fisch, dem einzigen Zuhörer, erstattet die Hauptfigur über

---

80 Der Zahl „drei" kommt im Roman nicht nur allein Bedeutung zu in Bezug auf die drei Jahre, die seit der Trennung vergangen sind, sondern sie verweist auch auf andere wichtige Elemente innerhalb der ganzen Geschichte: die Beziehung hat drei Jahre gedauert, es gibt drei Hauptfiguren im Buch (der Erzähler, der Fisch und die Geliebte), die erste gemeinsame Reise der Liebenden nach Yokohama wird drei Monate nach der ersten Begegnung unternommen und schließlich wird im Text von den drei Reisen des Paars (nach Yokohama, Tokio und Bratislava) berichtet. In Bezug auf die Nummer „drei" siehe Kapitel II.4 dieser Studie.

81 Vgl. Canetti, Elias: *Die Fackel im Ohr. Lebensgeschichte 1921–1931*. Hanser Verlag: München/Wien 1980, S. 292. *Parlando* ist auch der Titel eines Romans des Hamburger Schriftstellers Bodo Kirchhoff, der 2001 erschien, zudem ist Parlando der Name des Berliner Hörbuchverlags von Christian Brückner.

ihre letzte, nun vergangene Beziehung Bericht.[82] Hat sich das Tier aber nur den Liebeskummer seines Besitzers anzuhören, oder kommen ihm noch andere Funktionen innerhalb des Werkes zu? Wie bei SAIDs Tieren nicht anders zu erwarten, hat der Fisch, der uns mit seinem vietnamesisch klingenden Namen le phung an etwas fern Liegendes, Fernöstliches erinnert, eine bedeutende Funktion. Hier ist er tatsächlich das direkte aktive Gegenüber des Protagonisten.[83]

Denn in weiten Passagen des Textes ist es der Fisch, der sich an seinen Gesprächspartner wendet und ihm viele Fragen stellt, um die Gründe, die das Ende der Liebesgeschichte herbeigeführt haben, zu ergründen.[84] Es ist nichts Neues für die Leser des iranisch-deutschen Autors, dass die Tiere seines erzählerischen Kosmos sehr klug sind und auch sprechen können.[85] Und wie zur Bestätigung dieser Fähigkeit gibt der Erzähler eine alte Legende wieder, wonach Fische sprechen können, wenn sie nur wollen, aber sie tun es nicht, damit der Mensch sie nicht zur Arbeit zwingt.[86]

Der Fisch ist aber nicht nur der Gesprächspartner des Protagonisten, er ist eigentlich auch der ihm verbliebene Zeuge seiner Liebe, ein Teil der Liebesgeschichte sowie sein Freund.[87] Für den Autor selbst nimmt er darüber hinaus die Stelle des Publikums ein. Der Fisch fungiert also *quasi* als Medium, das es ihm leichter macht, von sich selbst und seiner Liebe zu erzählen, ein Kunstgriff, wie der Schriftsteller in einem Interview gesteht.[88]

---

82  Vgl. Wenzel, Anja: „Hoffen auf Liebe". *Süddeutsche Zeitung* 20.6.2013.

83  Die Tiere spielen fast nie eine Nebenrolle in den Werken des Autors, sie übernehmen vielmehr entscheidende Funktionen für die Handlung der Geschichten; oft sind sie Symbole für Lehren und Erfahrungen des Autors selbst und häufig sind sie sogar die Hauptfiguren seiner Bücher, so in: *Dieses Tier, das es nicht gibt, Clara, Der Engel und die Taube, Ruf zurück die Vögel, Ein Brief an Simba, Hans mit der Hütte* und *Schneebären lügen nie.*

84  SAID 2013, S. 12–14, 16, 28, 79.

85  In Bezug auf die übliche Sprachfähigkeit der Tiere von SAID siehe die Analyse des Werkes *Dieses Tier, das es nicht gibt* in Kapitel II.4 dieser Studie.

86  SAID 2013, S. 74.

87  Der Fisch wird im Roman nicht nur mit seinem eigenen Namen genannt, sondern auch mit dem Beinamen „mein freund" bezeichnet, ibid. S. 50, 78.

88  Vgl. Hoffmann, Sandra: „Literatur muss auch Geständnis sein". *Deutschlandfunk - Büchermarkt* 2.8.2013.

Das Tier ist also ein zentrales Symbol für die Entstehung und Entwicklung des Romans, und so widmet der verlassene Mann dem Fisch sogar die einzigen zwei Gedichte des Werkes, ein Beweis für ihre besondere Freundschaft. Dies macht hinreichend deutlich, dass der Fisch als zweite Hauptfigur des Textes zu betrachten ist, wofür auch die Tatsache spricht, dass er als einziger in dieser Dreier-Konstellation einen Namen trägt, le phung.[89]

Denn sowohl der Erzähler wie auch dessen Geliebte, die dritte Hauptfigur des Romans, die Gegenstand aller Erzählungen ist, bekommen keine Namen. Dies geschieht wohl, weil die Geschichte sehr persönlich ist, und er durch diese Namenlosigkeit eine gewisse Distanz schaffen wollte. So rechtfertigt er jedenfalls selbst seine Entscheidung und fügt hinzu, dass sich an der Qualität des Buches nichts geändert hätte, wenn er seinen Protagonisten Namen gegeben hätte.[90]

Der fingierte dialogische Charakter des Romans ermöglicht es SAID, die Gedanken, die ihm in Bezug auf seine alte Liebe und ihr Scheitern durch den Kopf gehen, noch einmal zu formulieren und so auch sein eigenes Gewissen zu prüfen. Der Erzähler, und mit ihm der Autor, fragt le phung und sich selbst ganz offen, wie er sich eigentlich in der Beziehung benommen habe, was er Falsches gesagt habe, welche Fehler er begangen habe und welche zu vermeiden gewesen wären: „meinst du, ich hätte sie um ihre hand bitten sollen?" oder „vielleicht habe ich sie zu heftig geliebt" und weiter

ich hätte mich noch mehr auf ihre sinne verlassen. ich glaube sogar, sie hätte mich dann gerne geführt. [...] habe ich ihr zu viel erzählt? von meiner melancholie, von teheran und seinen verlassenen gassen und der sonne? von der geretteten erinnerung – inzwischen fast verblasst?

---

89 SAID erzählt, dass der vietnamsche Name le phung von seiner Freundin ausgewählt wurde, weil sie eine Bewunderin dieses Landes war. SAID 2013, S. 11.

90 Nur im vorletzten Kapitel des Romans werden zwei Namen, monsieur passepartout und madame bouton, in Bezug auf den Erzähler und seine Freundin genannt. SAID phantasiert über diese Namen und stellt sich auch eine Geschichte vor, d.h. eine Rache an der ehemaligen Geliebten. Er träumt, dass seine Ex-Freundin von zwei Männern belästigt wird, die sie zum Nachdenken über das Ende der Beziehung bringen. Ibid. S. 105–112.

und schließlich „war es falsch?" und „auch das war falsch?".[91] Der verlassene Mensch muss sich jetzt eingestehen, kein Taktiker, überhaupt kein einfacher Mensch zu sein. Vielmehr hätten ihn seine schwierigen Lebensumstände – so er selbst – zu einem sehr komplizierten Menschen gemacht. Der Überzeugung von seiner reinen und starken Liebe zu seiner Freundin tut dies alles aber keinen Abbruch, und so spricht er sich frei und betont im Rückblick, wie er immer für sie da war, wie er seine Freundin gepflegt habe, als sie krank war, wie er immer auf ihre weibliche Empfindsamkeit Rücksicht genommen habe.

Aber im Gespräch mit dem Freund le phung formuliert der Erzähler auch eine andere mögliche Variante, eine Alternative zum Ende seiner Beziehung. Er denkt sich andere Verhaltensweisen aus, andere Wörter, die sie und er hätten sagen können, andere Gesten, vielleicht weniger hart. Vielleicht hätte er ihr nicht sagen sollen: „ich habe niemanden außer dir",[92] so hätte sie sich nicht gleichzeitig als Geliebte, Mutter und Kampfgefährtin fühlen müssen, was sicherlich eine Überforderung für sie war. Man hätte sich natürlich anders verhalten, andere Worte wählen können, resümiert der Autor, doch das endgültige Ergebnis wäre letztlich nicht anders ausgefallen, und damit spricht er sich noch einmal frei.

Drei Jahre braucht der verlassene Mann, um zur Erkenntnis zu gelangen, dass nichts und niemand eine Frau halten kann, wenn sie sich wirklich entschieden hat wegzugehen. Kein Wort, keine Bitte oder Geste hat die Kraft, eine Frau zum Bleiben zu überreden.

Doch die Erinnerung an diese Liebe ist noch da. Dem Erzähler ist noch alles detailliert gegenwärtig: ihre erste Begegnung, die ersten schüchternen Berührungen beim Sex, ihr schlanker Körper, die vertrauten Rituale des Alltags und ihr letztes Wort am Tag des Abschieds. In vielem hier erinnert *parlando* an eine ähnliche Situation aus *Landschaften einer fernen Mutter*.[93] Der Autor braucht Zeit, um die Erfahrung des Verlassen-Werdens, Verlassen-Seins zu verarbeiten. Aber wenn er das Geschehene akzeptiert und verinnerlicht hat, dann greift er zur Feder und beginnt darüber zu schreiben, was auch als endgültiges Abschiednehmen und therapeutisch

---

91 Ibid. S. 64, 77.
92 Ibid. S. 84, 109.
93 Vgl. diesbezüglich Kapitel II.4 dieser Studie.

gelten kann. Im Fall der Mutter mussten 10 Jahre vergehen, bis er die immer noch lebendigen Erinnerungen an die Begegnung mit ihr niederschreiben konnte. Hier, bei der Geliebten, dauerte es drei Jahre bis der verlassene Mann begriffen hat, dass an eine Rückkehr seiner einstigen Geliebten nicht zu denken ist und dass die Trauerarbeit um sie vollzogen werden muss.[94]

Effektvoll zelebriert er dabei auch noch den Abschied von seinem Freund le phung, der von ihm getötet und dann auch verspeist wird. Das tragische Lebensende von le phung mag bei dem Leser Befremden auslösen. Damit sind aber der Grausamkeiten nicht genug: so scheut sich der Erzähler nicht, le phung en detail zu erläutern, wie er ihn umbringen wird: „[…] folglich wirst du auf der erde enden. so will ich das. ich setze mich daneben und schaue zu", „ich tue dir nichts, ich esse dich nur".[95] Und der Mann spricht weiter mit dem Tier, während es im Todeskampf liegt und später beim Kochen: „ich nehme dich aus und werfe dich in den topf", „le phung ich decke den tisch, während du im topf vor dich hin kochst" und stellt ihm dabei sogar noch Fragen: „meinst du sie kommt?", „kennst du die ballade vom fluß?".[96] Der Erzähler spricht mit seinem Freund sogar noch weiter, nachdem er ihn schon gegessen hat: „du warst ein tapferer kerl, le phung, […] du hast es verdient, daß ich dir noch etwas gestehe".[97]

Der Fisch muss sterben, weil er den Erzähler ständig an seine Freundin erinnert, das ist die einzige Schuld des Tieres. Ihn zu essen, ist ein Versuch, sich von der Erinnerung zu befreien, so wird im Text in Bezug auf den Tod von le phung geschrieben: „ein andenken weniger […]".[98] Allerdings steht

---

94 Das Schreiben als Trauer und Therapie ist eigentlich eine übliche Gewohnheit in der Migrantenliteratur. Es gilt häufig als eine spezifische Form der Trauerarbeit, sowohl wenn es sich auf das Gedenke der Toten richtet, wie bei der türkisch-deutschen Schriftstellerin Emine Sevgi Özdamar, als auch wenn es auf die Erinnerung an die verlassene Heimat und Freunde zielt, wie bei SAID, richtet. Angela Weber betont zum Beispiel wie im Roman *Das Leben ist eine Karawanserei* von Özdamar der Erzählfluss ständig durch die Aufzählung der Namen der Toten unterbrochen wird. Dies war ein mündliches Rituale ihrer Kindheit, das sie nach langer Zeit beim Schreiben eines Buches über ihre Jugend wiederholt. Weber 2009.
95 SAID 2013, S. 56, 96.
96 Ibid. S. 85, 89, 96.
97 Ibid. S. 105.
98 Ibid. S. 99.

die Entscheidung, das Tier zu töten, im Widerspruch zu dem sonst vermittelten Bild der Hauptperson, die keine liebgewonnenen Sachen wegwerfen kann, und so mag man im Töten und Essen des geliebten Tieres Spuren eines alten Totemismus erkennen. Stand das Verspeisen des Totemtiers für die Verinnerlichung von dessen Kräften und Tugenden, so könnte das Verspeisen des von der Geliebten geschenkten Fisches auch als ein für-immer-vereint-Sein mit der Geliebten selber gesehen werden.

Die Hauptfigur äußert jedenfalls die Absicht, endgültig von der alten Liebesgeschichte Abschied zu nehmen. Sie will sich befreien von allem, woran ihn die schönen grünen Augen erinnern. Diese hatten sein Herz gewonnen und ihn blind gemacht, so dass er nicht bereit war, die Zeichen zu sehen, die seine Geliebte ihm aussandte. Sie fühlte das Gleichgewicht in ihrer Beziehung gestört und sah sich in ihrer Freiheit eingeschränkt. Doch der Erzähler begriff das damals nicht und kann es noch immer nicht fassen, dass der Wunsch nach Freiheit das Problem war, dessentwegen ihn seine Freundin verließ. Es erscheint ihm wie ein Paradox, dass ausgerechnet dieser Wunsch nach Freiheit zum Auslöser für das Ende seiner Liebesbeziehung wurde, denn gerade dieser Wunsch ist ihm selbst allzu gut bekannt, ging er doch ins Exil, weil er im Iran nicht in Freiheit leben konnte. Das Bedürfnis nach Freiheit ist Dreh- und Mittelpunkt seines Lebens, Teil seiner Existenz,[99] und wird in seinem ganzen literarischen Schaffen deutlich, mag es sich nun um Prosa oder Lyrik handeln. Weil sie die Freiheit suchten und nach ihr verlangten, sind, wie in *Der lange Arm* geschrieben wird, viele Freunde und Bekannte im Iran hingerichtet worden oder umgekommen.[100] Auf der Suche nach Freiheit als Mensch und Schriftsteller ist SAID, wie viele andere, im Exil gelandet und kann wie sie nicht mehr ins Vaterland zurückkehren. Im weiteren Verlauf von *parlando* widmet sich die Hauptfigur – und mit ihr wohl auch SAID – dem Begriff Freiheit, er behauptet sie sei ein Luxus und er ist fest davon überzeugt, dass die Europäer mit diesem Konzept leichtsinnig umgehen, weil sie wahrscheinlich zu viel Freiheit haben und sie nicht richtig schätzen

---

99   Ibid. S. 62, 96.
100  „Freiheit" gilt als ein roter Faden bei SAID. Siehe Kapitel II.1 dieser Studie. Auf das Thema Freiheit bzw. Suche nach der Freiheit fokussiert sich auch das Kapitel I.2 dieser Arbeit.

können.[101] Es ist aber auch gut möglich, dass diese Feststellung und Kritik nur dazu dient, SAIDs Verhalten der Freundin gegenüber zu rechtfertigen, während er sich eigentlich Vorwürfe wegen seines Verhaltens macht.

Die lang gesuchte Freiheit findet er endlich in Deutschland, wo er zudem die Liebe, aber auch ihren Verlust kennenlernt. Während eines Interviews betont die Journalistin Sandra Hoffmann, *parlando* sei ein Roman über den Verlust, den Verlust einer Liebe bzw. einer neu gefundenen Behausung, denn die Gefährtin gilt dem Autor als ein sicherer und ruhiger Zufluchtsort.[102] Er stimmt zu und richtet seine Aufmerksamkeit weiter auf die Erfahrung des Verlustes seiner Heimat, die in seiner Seele immer fortwirkt. Es scheint also, dass die Gefährtin als Symbol Teherans gilt, da für den Autor die Liebe zu einer Frau, oder allgemein zu einer Person, einige gemeinsame Züge mit der Liebe zur Heimat trägt. Tatsächlich gesteht der Autor weiter, dass Heimat für ihn eine Mischung aus Erfahrungen, Gefühlen und Sinnen ist, die man im Leben wahrgenommen hat, genau so wie die Verbindung mit einem Menschen oder die Zuneigung zu jemandem. In diesem Sinn kann man die Trennung von seiner Freundin, genau wie die von seiner Mutter in *Landschaften einer fernen Mutter*, wohl mit der Trennung von der Heimat, von der Behaustheit vergleichen. Dieser

---

101 In Bezug auf den historisch-politischen Entwicklungsexkurs des Freiheitsbegriffs siehe Kosseleck, Reinhart: *Geschichtliche Grundbegriffe: Historisches Lexikon zur politisch-sozialen Sprache in Deutschland*. Klett Cotta: Tübingen 1972, S. 425–542. Heutzutage gehört das Wort „Freiheit" zu den wichtigsten und komplexesten soziologisch-politisch-philosophischen Begriffen und sie ist ein Ziel, für das man in vielen Ländern, in denen eine Diktatur die Freiheit unterdrückt, kämpft. Im literarischen Bereich ist das Phänomen, dass Schriftsteller, die nicht mehr in ihrer Heimat leben und frei arbeiten dürfen, nach der Freiheit im Ausland suchen, seit jeher bekannt. Viele Autoren, die im Exil leben und in ihrer Muttersprache oder in der Sprache des Gastlandes schreiben, vermitteln die politische Situation ihrer Länder und die fehlende Freiheit durch ihre Werke. Von den zahlreichen Schriftstellern werden hier nur diejenigen genannt, die in den letzen Jahren nach Deutschland geflohen sind. Zum Beispiel der Chinese Zhou Qing, Opfer brutaler Polizeigewalt, verlässt 2009 seine Heimat und lebt seitdem in Berlin als freier Journalist und Schriftsteller, oder der Tscheche Adam Guzuev, Autor und Dokumentarist, der seit 2010 in Berlin wohnt, sowie die Dichterin aus Tunesien Najet Adouani, die wegen ihres Kampfes gegen die Diktatur in ihrem Land ohne Familie 2012 nach Deutschland floh.
102 Hoffmann 2013.

Verlust lässt SAID den alten, unlösbaren Widerspruch, den andauernden Kampf zwischen Herz und Verstand, zwischen zwei sich widersprechenden Gefühlen wieder neu erleben. Der Kopf weiß, dass es nicht geht, das Herz aber begehrt weiter, und dieses Dilemma wird vom Autor in *parlando* deutlich dargestellt. Hier die Hoffnung und der Wunsch, seine Gefährtin genau wie seine Heimat wiederzugewinnen, dort das Bewusstsein, seine Freundin und sein Vaterland nicht mehr erreichen zu können. Die Gefährtin ist aus SAIDs Leben verschwunden wie seine Heimat, die sich so rasant weiter entwickelt hat, dass es sie, wie der Autor sie kannte, nicht mehr gibt. Das Nichtwiedererkennen des eigenen Vaterlands ist ein Gefühl, das immer wieder von emigrierten Schriftstellern thematisiert wird, wobei der Prozess des Wachrufens einer nicht mehr existierenden Realität, die aber immer noch lebendig im Herzen liegt, unterschiedlich bearbeitet wird.[103]

Beim Lesen dieses Romans hat man den Eindruck, die Geschichte sei als intimes und persönliches Geständnis der Hauptfigur zu betrachten. Auch der iranisch-deutsche Autor scheint dieses Gefühl zu bestätigen, wenn er betont, dass ein Schriftsteller sich von der Vergangenheit befreien muss, soll es ihm gelingen, durch seine Erzählung auch die Seele seiner Leser in ihrer Tiefe zu berühren.[104] Und weiter bekennt er sich zu seiner Überzeugung, dass man den anderen seine eigene Persönlichkeit ohne Scheu zeigen muss, um sich lebendig und glücklich zu fühlen.[105]

Dieser Liebesbeziehung hat der Protagonist sich vollkommen anvertraut, obwohl sie ihn gleichzeitig unfähig und blind macht, die veränderte Realität zu verstehen. Aber was ist eigentlich die Liebe, wenn nicht etwas

---

103 Ein Beispiel dafür ist die Schriftstellerin Emine Sevgi Özdamar. Bei ihr spielt die Sprache eine wichtige Rolle in diesem Prozess, beispielsweise im Roman *Das Leben ist eine Karawanserei*, in dem sie viele Wiederholungen von geläufigen türkischen Ausdrücken, Redewendungen, mundartlichen Ausdrücken, Sprichwörtern und Metaphern gebraucht, um die Erinnerung wachzurufen und sie wahrscheinlich auch zu verfestigen. Bei Özdamar liegt der Fall aber natürlich ganz anders als bei SAID, sie konnte sich nämlich zwischen der Türkei und Deutschland immer frei bewegen, während SAID genau diese Freiheit verwehrt blieb. Vgl. Özdamar, Emine Sevgi: *Das Leben ist eine Karawanserei • hat zwei Türen • aus einer kam ich rein • aus der anderen ging ich raus.* Kiepenheuer & Witsch: Köln 1992.
104 Hoffmann 2013.
105 Ibidem.

Unvorhersehbares, das plötzlich alle Schutzwälle niederreißt, das einen in den Armen des Partners irrational und fügsam macht, ohne an anderes mehr zu denken als an ein Happyend? Der Schriftsteller zeigt in *parlando,* dass es immer das Risiko gibt, verletzt zu werden und sich weh zu tun. Er beweist aber gleichzeitig mit seiner Geschichte, dass es sich lohnt, sich dieser Gefahr auszusetzen, denn was dem Menschen bleibt, ist das Bewusstsein, die Liebe als das vielleicht wichtigste Gefühl des Lebens kennengelernt und erlebt zu haben.

## II.3 Religion: Institution oder Suche nach der eigenen Spiritualität? *Ich und der Islam*

Wie schon in *Der lange Arm* nimmt der iranisch-deutsche Schriftsteller in *Ich und der Islam* wieder die Position eines genauen und sorgfältigen Beobachters ein, der in zwei Kulturen beheimatet ist und der, in diesem Fall, nicht die Politik sondern die Religion seines Vaterlandes mit offensichtlicher Distanz betrachtet. In diesem kleinen, in sechs Kapitel unterteilten Buch sind durchaus persönliche Reflexionen des Autors über den Islam und seinen Einfluss auf die politische und gesellschaftliche Situation im Iran enthalten. Darüber gelangt er einerseits zu einer prägnanten kritischen Sicht der islamischen Religion und zur Warnung vor der politischen Instrumentalisierung des Glaubens, andererseits verteidigt er stark sowohl seine Religiosität als auch diejenige von allen Gläubigen, die die „reine" Botschaft des Islam noch wahrnehmen.

In Bezug auf die Struktur des Textes ist Manfred Flügge zuzustimmen, wenn er schreibt, dass SAIDs Stärken wie immer bei den kurzen Geschichten, Essays und Erinnerungen aus Teheran in zufälligen Begegnungen in der iranischen Diaspora liegen.[106] Auch *Ich und der Islam* enthält eine Mischung verschiedener kleiner Textformen: kurze Erinnerungen und Aufsätze, ein Gespräch mit dem Katholiken und ehemaligen bayerischen Kultusminister Hans Meier, Auszüge aus Tagebuchnotizen, eine ergreifende kleine Erzählung, ein kurzer Brief und ähnliche Stücke kurzer Prosa.

---

106  Vgl. Flügge, Manfred: „Diesseits des Glaubens. Unterwegs zwischen Okzident und Orient: Der im Iran geborene und in Deutschland lebende Lyriker SAID und der Islam". *Die Welt* 1.10.2005.

Laut Uli Rothfuss ist *Ich und der Islam* ein bedeutendes Werk für alle, die sich für die Problematik des aktuellen Islam interessieren und für eine Religiosität ohne Gewalt und Zwang eintreten, ein Buch für alle, die sich nicht ein einseitig-westliches islamisches Feindbild aufzwingen lassen wollen, sondern sich ihre eigene Meinung über die Verhältnisse in Ost und West bilden möchten.[107]

Ausgangspunkt des Werkes ist die Auseinandersetzung des Schriftstellers mit den Widersprüchen zwischen dem Wunsch der Gläubigen nach einer schützenden und befreienden Spiritualität auf der einen Seite und dem herrschenden islamischen Staatsterror auf der anderen. Dabei gelingt es SAID hier, verschiedene Aspekte zu verknüpfen, indem er die Religion einerseits als Institution, andererseits als Suche des Einzelnen nach Gott darstellt. Diese theologisch-literarische Auseinandersetzung mit dem Christentum hat in Deutschland eine lange Tradition und geht mindestens bis auf Goethe und Christoph Martin Wieland gegen Ende des 18. Jahrhunderts zurück. Wichtiger Diskussionspunkt jener Epoche war die Frage, inwiefern die ursprüngliche Botschaft Jesu durch die Priester verfälscht wurde, so dass die Gläubigen sich ihr entfremdet hatten und eine persönliche, unmittelbare Beziehung zu Gott suchten, ohne Vermittlung durch Priester und Kirche.

SAIDs eigene Position ist die eines Mittlers, der seinem Publikum neben rein historischen Fakten und Notizen auch ganz persönliche Impressionen und Erinnerungen an alte islamische Rituale darbietet. So erzählt der Autor von seiner liberalen Familie, die ihm keine Religion aufgezwungen hatte, so dass er nie die islamischen Bräuche und Praktiken hat ausüben müssen. Dennoch sind ihm einige mit diesen Bräuchen verbundene Erinnerungen, die mit seiner Kindheit eng verknüpft sind, bis heute vertraut geblieben. Diese Reminiszenzen an eine mit vielfältigen religiösen Traditionen verbundene Kindheit finden sich häufig bei Autoren, die aus muslimischen Länder emigriert sind. So zum Beispiel auch bei der türkisch-deutschen Schriftstellerin Emine Sevgi Özdamar, die in ihren Werken durch das Zitieren arabischer Gebete und die Widerholung ritueller islamischer Formeln

---

107  Vgl. Rothfuss, Uli: „Buchtipps über Ich und der Islam". *Virtuelle Kulturredaktion SWO Kunstportal*, URL http://www.kunstportal-bw.de/ktbuchtipp165. html, Beitragsdatum 10.8.2007, letzter Zugriff 2.6.2014.

die Erinnerung an ihre islamischen Wurzeln und den Glauben ihrer Kindheit wachruft.[108]

Zurück zum Autor, er erinnert sich sehr gut und teilweise sehnsüchtig zum Beispiel an den Ruf des Muezzins, von dem er als Kind wegen seines ernsten Klanges Gänsehaut bekam, an die damalige Bedeutung der nach Rosenwasser duftenden Moscheen, die als Treffpunkt des Volkes betrachtet wurden, und deswegen nach „Brüderlichkeit" rochen, an das Blut des geschlachteten Huhns – Gefühle, die den Schriftsteller dem islamischen Glauben gegenüber versöhnlich stimmen könnten. Leider muss er aber auch eingestehen, dass jede noch so kleine Hoffnung auf eine Demokratisierung des Iran durch die islamische Diktatur Chomeinis zerstört wird.[109] Unter diesem grauenhaften Machthaber sei aus einem potentiell weltoffenen toleranten Islam eine aggressive Religion geworden, die die menschliche Seele ignoriert und stattdessen den Terror befördert.[110] Es scheint also, dass der Schriftsteller sich lediglich gegen einen korrupten, entarteten Islam wendet, während er einer ursprünglichen

---

108 Das Wort „Bismillâhirrahmanirrahim", zum Beispiel, findet man auf wenigen Seiten des Romans *Das Leben ist eine Karawanserei* mehr als 40 Mal, ohne dass es aber dem Leser sofort übersetzt wird. Dieses Wort, ritueller Ausdruck im türkischen alltäglichen Reden, ist nicht der einzige arabische Begriff, der häufig im Text vorkommt. Özdamar 1992, S. 55–60. Auch Ausdrücke wie „Ĩnsˏallah", „Vallahi Billahi" und „tamam mi" tauchen häufig im zweiten Roman der Trilogie von Özdamar *Die Brücke vom Goldenen Horn* auf. Vgl. Özdamar, Emine Sevgi: *Die Brücke vom Goldenen Horn.* Kiepenheuer & Witsch: Köln 2005, S. 94, 108–109, 184 ff. In Bezug auf das Thema Islam in der deutschen Literatur seien hier die folgenden Studien erwähnt: Johnson, Sheila: „Literatur von deutschschreibenden Autorinnen islamischer Herkunft". *German Studies Review* 20(2), 1997, S. 262–278; Hofmann, Michael/von Stosch, Klaus: *Islam in der deutschen Literatur. Beiträge zur komparativen Theologie.* Ferdinand Schöningh: Paderborn 2012.
109 Diese Gedanken von 2005 begleiten den Autor weiter. Auch in den späteren Werken, die das Thema Religion intensiv behandeln, verfolgt und bestätigt SAID diesen Gesichtspunkt. Siehe zum Beispiel SAID *Psalmen.* C.H. Beck: München 2007, *Das Haus, das uns bewohnt.* Lyrikkabinett: München 2009 und *Das Niemandsland ist unseres.*
110 Leider hat sich an der Situation bis heute nicht viel geändert. Jüngstes Beispiel ist die gegenwärtige Situation in Ägypten, wo der Islam Staatsreligion ist und die anderen religiösen Minderheiten sich in ihrem Überleben bedroht fühlen und diskriminiert werden.

muslimischen Religion, wie er selbst sie eigentlich versteht und in seiner Erinnerung bewahrt, Zustimmung entgegenbringen könnte, wenn es diese reine Religion noch gäbe.

Daher ist Arno Widmann nicht ganz zuzustimmen, wenn er schreibt, SAIDs Feststellung, der Glaube diene den Menschen vielfach dazu, sich selbst und ihre Glaubensgemeinschaft zu erhöhen, sei ein Beleg für seine große Enttäuschung hinsichtlich der Funktion jeder Religion.[111] Man wird wohl etwas differenzierter sagen müssen, dass sich SAID der Ambivalenz jeder Religion bewusst ist, deren gemeinschaftsstiftenden Wert er jedoch auch für sich selbst als bedeutsam und positiv anerkennt:

> [...] soziologisch gesehen bin ich islamisch, obwohl ich keine religion ausübe. [...]. ich will auch diesem islam gar nicht total entgangen sein. und ich will auch das christentum, mit dem ich heute hier in deutschland konfrontiert bin, gar nicht für mich abgelegt haben, [...].[112]

Der Autor weiß sehr gut, dass die soziale Zugehörigkeit zu einer gesellschaftlichen Gruppe vielfach auch durch Religion konstituiert wird, und kann sie daher nicht in Bausch und Bogen verurteilen. Religionszugehörigkeit prägt die Mentalität der Gruppenmitglieder sehr stark, man denke nur an die vielen formellen Christen, die sonntags nicht zur Kirche gehen, oder die sich problemlos scheiden lassen, aber auch an die Juden oder Muslime, die sich beschneiden lassen, obwohl sie diesen Ritualen keine große Bedeutung beimessen.

Was von SAID hingegen immer sehr heftig kritisiert wird, ist der Missbrauch der Religion, aller Religionen, für politische Zwecke, die die ursprüngliche Botschaft jeden Glaubens entarten lasse.

Wenn der Schriftsteller durch sein Werk einerseits gegen diese Entartung kämpft, so verteidigt er doch den Wert der Religiosität als solcher. Der religiöse und individuelle Glauben, egal in Bezug auf welche Religion, ist für ihn das Entscheidende: „denn die religiosität ist für mich ein viel

---

111 Vgl. Widmann, Arno: „Das Gefühl völliger Hilflosigkeit". *Perlentaucher. Das Kulturmagazin,* URL http://www.perlentaucher.de/vom-nachttisch-geraeumt/alles-andre-ist-firlefanz.html, Beitragsdatum 12.12.2005, letzter Zugriff 17.5.2014.
112 SAID: *Ich und der Islam.* C.H. Beck: München 2005, S. 42.

höherer begriff, als dass ich jetzt kirchengänger wäre für eine bestimmte kirche oder moschee".[113]

*Ich und der Islam* beginnt mit einer Geschichte, die in SAIDs Kindheit um das Jahr 1960 spielt, und direkt in das Thema des Buches, die Religion und ihre Entartung, einführt. Sie wird von einem alten Mann erzählt, der einen langen Fußmarsch unternahm, um die Familie des Dichters zu besuchen. Unterwegs verkniff er sich das Rauchen, aus Furcht, von einem Bauarbeiter erblickt zu werden, der sich eine Zigarette wünscht und sich nicht traut, darum zu bitten. Wenn dies einträte, fragte der alte Mann sich selbst: „wie antworte ich dann gott im jenseits?".[114] Kontrastiv zu dieser Geschichte berichtet er in dieser Textpassage anschließend, wie der Ayatollah Chalchali, bekannt als Henker von Teheran, verkündet, täglich mehrere Todesurteile im Namen Gottes zu unterschreiben. Es scheint, als wolle der Autor damit ganz deutlich auf den gegensätzlichen Umgang mit Religion hinweisen. Einerseits die Haltung des alten und demütigen Mannes, der schon im Kleinsten Gott und dessen Urteil fürchtet, anderseits die Haltung des Machthabers, der ebenfalls Gott im Mund führt, aber sich des Islams zur Rechtfertigung seiner staatlichen Gewalttaten bedient. Der Machthaber entweihte damit die Religion, in deren Namen er handelte und leider folgte seinem Beispiel eine Reihe von Fanatikern, die gegen das Wesen des Islams handelten, eigentlich gegen das Wesen jeder Religion.

Besonders in diesem ersten Teil des Werks, aber nicht nur hier, stellt der Schriftsteller viele Fragen mit dem einzigen Zweck, seinem Publikum die Augen zu öffnen und es zu vertieften Überlegungen über die Religion und ihre enge Verbindung mit der iranischen Politik sowie weitere verwandte Themen anzuregen. Themen, die häufig selbstverständlich scheinen und so oft von der öffentlichen Meinung diskutiert werden, dass es schwierig geworden ist, eine eigene, persönliche Sichtweise herauszubilden. Aus diesem Grund lässt er einige seiner Fragestellungen unbeantwortet und stellt sie rein rhetorisch, zum Beispiel, wenn er sich in Bezug auf die Kritik an Bin Laden und an Präsident Bush, die ihren gegenseitigen Hass öffentlich propagieren, fragt: „kann man gott lieben und seine geschöpfe hassen?",

---

113   Ibidem.
114   Ibid. S. 7.

oder wenn er sich mit dem Thema Demokratie auseinandersetzt: „ist es nicht die aufgabe der demokratie, **alle** kräfte einzubinden, anstatt die in die arme der terroristen zu treiben?"[115] usw.

Im Text werden aber auch zahlreiche weitere Fragen behandelt, für die der Schriftsteller durch seine persönlichen Anmerkungen und Lebenserfahrungen oder durch die Darstellung historischer Ereignisse eine ausführliche Antwort parat hat. Dies gilt zum Beispiel für die Passagen, in denen er sich mit dem heutigen Islam in Iran auseinandersetzt: „müssen wir den islam fürchten? oder vielmehr die diktatorischen strukturen in den islamischen ländern?", „ist der islam überhaupt mit demokratie vereinbar?", „ist der islam tolerant?" oder „ist der islam überhaupt reformierbar?"[116] usw. So viele Fragen in einem so schmalen Büchlein vermitteln teilweise das Gefühl, einem Dialog zwischen einem wissbegierigen Schüler und seinem gebildeten Lehrer zuzuhören, der alle Zweifel seines jungen Zuhörers auszuräumen versucht, aber ihm zugleich durch die vielen unbeantworteten Fragen die Freiheit lässt, seine eigene Meinung herauszubilden.

Doch der Autor sieht das nicht so. In einem Interview über seine Beziehungen zum Iran und zur Religion behauptet er vielmehr, sich in seiner Rolle als Erzähler ganz zurückgenommen zu haben und die reinen Fakten anzuführen. Fakten, die er wechselweise den Nachrichten der deutschen und der iranischen Presse entnommen habe, um sie so für sich selbst sprechen zu lassen und die Bruchstellen zu offenbaren.[117]

Wenn der erste Teil des Textes als Dialog betrachtet werden kann und das folgende zweite Kapitel ein umfangreiches Gespräch mit Hans Meier enthält, in dem die beiden Gesprächspartner ihre jeweiligen Meinungen

---

115 Ibid. S. 17, 26. Bemerkenswert ist die Entscheidung von SAID, das Wort „alles" halbfett zu drucken, ebenfalls in dieser besonderen Schreibweise finden sich die Wörter „fundamentalismus", „asylanten-schnüffelei", „keine" und „nie" genau so geschrieben. SAID scheint damit nicht nur diese Wörter vom restlichen Text stark unterscheiden zu wollen, sondern auch ihre besondere Valenz innerhalb seines Gedankenganges zu betonen. Ibid. S. 22, 84, 95 und 126.

116 Ibid. S. 22, 26, 27, 103.

117 Kramatschek, Claudia: „Interview mit SAID: Ein Dialog bedeutet, dass ich meine eigene Schwäche zeige", URL http://de.qantara.de/inhalt/interview-said-ein-dialog-bedeutet-dass-ich-meine-eigene-schwache-zeige, Beitragsdatum 22.12.2005, letzter Zugriff 20.7.2014.

über die Religion, ihre Entartung und ihren Missbrauch als Mittel der Politik im direkten Frage- und Antwort-Spiel äußern,[118] kann man Rothfuss' zustimmen, dass auch SAIDs Tagebuchnotizen im dritten Kapitel zu einem Gespräch einladen, dieses Mal aber zwischen dem Publikum und dem Autor selbst.[119]

Manfred Flügge wie auch Arno Widmann hat es besonders dieses letzte Kapitel des Werkes angetan. Während Flügge das letzte Kapitel gerne in einen kleinen Roman verarbeitet gelesen hätte, ist Widmann überzeugt, dass gerade die hier zu Hauf eingestreuten Tagebuchnotizen den bedeutendsten Teil des Buches ausmachen. Der Leser, so Widmann, würde das Buch nicht mehr aus der Hand legen und es bis zu Ende lesen, wenn er erst mit diesem dritten Kapitel begonnen hätte.[120] Im Gegensatz zu Widmann behauptet Barbara Dobrik, dass einige Tagebuchpassagen eher banal wirken, beispielsweise die gleich nach dem 1. September 2001 geschriebenen, denn über diesen Terroranschlag sei nun wirklich von allen alles gesagt.[121]

Dieses Kapitel, das in dem Buch den größten Umfang einnimmt, enthält neben Tagebucheinträgen viele Artikel aus verschiedenen deutschen und iranischen Zeitungen über neue islamische Gesetze und Kleiderordnungsregeln, kleine Berichte von in Teheran gebliebenen Freunden oder Bekannten und ähnliches.[122] Zwischen den Tagebuchauszügen befinden

---

118  Dieses Gespräch wurde am 9. April 2004 um 22:05 Uhr während der Sendung „das Nachtstudio" in Bayern2radio aufgenommen. Bemerkenswert ist die Entscheidung SAIDs, seine Redeanteile in kleinen Buchstaben und wie üblich ohne Beachtung der Rechtschreibregeln zu übertragen, im Gegensatz zu den Passagen von Hans Meier, die orthographisch korrekt sind. SAID 2005, S. 28–44.
119  Rothfuss 2007.
120  Widmann 2005.
121  Sie kritisiert nicht nur die Seiten von Tagebuchnotizen, ihre Buchkritik geht weiter. Sie behauptet zum Beispiel, dass die Qualität und Auswahl der Texte nicht immer durchgehend gelungen sei und bemängelt, dass sich auf nur 160 großzügig bedruckten Seiten viele fast wörtliche Wiederholungen befinden. Vgl. Dobrik, Barbara: „Ein bloßes Werkzeug zum Hass". *Deutschlandradio Kultur - Kritik*, URL http://www.deutschlandradiokultur.de/ein-blosses-werkzeug-zum-hass.950.de.html?dram:article_id=133447, Beitragsdatum 9.11.2005, letzter Zugriff 12.2.2014.
122  SAID 2005, S. 75, 51, 53, 74, 94, 117.

sich auch kleine Essays über die historische Entwicklung des Islam und der islamischen Republik, Äußerungen über den Präsidenten Chatemi und die von ihm erwarteten Reformen sowie persönliche Erfahrungen mit der Bürokratie, als es darum ging, eine Passverlängerung zu bekommen.[123] Der Erzählstil von SAID bildet hier, wie auch in *Der lange Arm*, eine Mischung von objektiven Chronikberichten und privaten Tagebuchseiten und die Notizen sind so dezidiert und leserzentriert formuliert, dass man geneigt ist, seine eigene Meinung dazu mitzuteilen, in der Gewissheit, der Autor werde sich mit Freude die Einwürfe und Ansichten seines Publikums anhören.[124]

Die Erzählung, die auf die Tagebuchnotizen folgt, wirkt ergreifend und dramatisch. *mina – eine begegnung* behandelt die authentische und tragische Geschichte eines Folteropfers, Mina, der SAID Anfang der 90er Jahre bei einer Lesung in einer Stadt im Ruhrgebiet begegnete, und die ihn um ein privates Gespräch bat, um ihm ihre Geschichte zu erzählen. Und so wird erzählt, wie die Iranerin eines Tages in Teheran von den Revolutionsgardisten Chomeinis verhaftet, verhört, geschlagen und von zahlreichen Gardisten vergewaltigt wurde, wie später ihr Mann mit dieser Tatsache nicht fertig wurde und die Frau verprügelte, sie eine Hure nannte und sie nicht mehr zur Ehefrau haben wollte. Die Ereignisse werden sehr langsam in vielen unmittelbar aufeinander folgenden kurzen Sätzen erzählt. Sie haben oft einen ganz einfachen Satzbau, bestehend aus Subjekt, Prädikat und Objekt. Die dadurch notwendigen zahlreichen Interpunktionszeichen betonen die Langsamkeit und zwingen den Leser, innezuhalten und sich immer wieder neu mit dem Geschehen auseinanderzusetzen.[125] Dies lässt die Geschichte nur umso bedrückender wirken, wie Rothfuss zutreffend hervorhebt.[126] Minas Erfahrung und die Art, wie sie dargestellt wird, hinterlassen beim Leser einen tiefen Eindruck. Nicht nur die dramatischen

---

123   Ibid. S. 98–116, 118.
124   Widmann 2005.
125   In SAIDs Text *mina – eine begegnung* befinden sich zahlreiche knappe Sätze wie: „mehrere hände reißen an meinen kleidern", „ich fühle meine hände nicht mehr" oder „sie legen mich auf den rücken", „ein hartes etwas dringt in mich hinein" und noch „ich halte den mund", „irgendwann werden die müde" und „irgendwann werde ich bluten" usw. SAID 2005, S. 141, 142.
126   Rothfuss 2007.

Erfahrungen von Mina, sondern auch der Stil SAIDs lassen den Leser das grauenhafte Erlebnis der Protagonistin nachempfinden. Der Autor nimmt seinen Leser mit an die Orte des Grauens und bringt ihm die Empfindungswelt der Iranerin nahe. Man hat den Eindruck, mit ihr, denselben Sack über dem Kopf, am Verhör teilzunehmen, man spürt hilflos die Schmerzen und die Erniedrigung Minas bei der Gruppenvergewaltigung und genau wie sie fühlt sich der Leser zutiefst enttäuscht, als Minas Wunsch, endlich in den Armen ihres Mannes die schreckliche Erfahrung zu vergessen, nicht erfüllt wird.

Der Leser hat, wie der Lyriker damals als Zuhörer, das Gefühl einer totalen und unerträglichen Hilflosigkeit, ein Gefühl, das von Satz zu Satz zunimmt, bis zu den letzten betrübten Worten Minas: „er ist immer mein mann. seither hat er mich aber nie mehr berührt. nicht einmal geschlagen".[127]

*mina – eine begegnung* zeigt aber nicht nur die traurige Hilflosigkeit der Menschen gegenüber den Folteropfern, sie dient SAID auch dazu, auf die daraus resultierenden Missstände in der iranischen Gesellschaft hinzuweisen, wie er in einem Interview mit Claudia Kramatschek betont. So habe die Folter, die im Gefängnis hinter verschlossenen Türen durchgeführt wird, sehr viel mit dem Alltag der Menschen zu tun, d.h. mit der Art, wie die Menschen gewöhnlich miteinander umgehen. So setze sich diese Folter fort, zwar mit anderen Mitteln aber doch immer präsent, und die Einsamkeit, wie sie am Ende Mina empfinde, sei bei allen Menschen sehr groß.[128]

Wenn der Autor durch *mina – eine begegnung* den alltäglichen Terror darstellt, der im Namen des Islams geschieht, so gehört das folgende Kapitel mit dem Titel *kairiner miniaturen* einem ganz anderen Genre an. Wie schon oben kurz erwähnt, hält Manfred Flügge diesen kurzen Bericht über eine Lesereise SAIDs 2002 nach Kairo und Alexandria auf Einladung des Goethe-Instituts für die schönste Episode in dem Band.[129] Hier erzählt er seine Eindrücke während seines einwöchigen Aufenthaltes in Ägypten und vermittelt so

---

127  SAID 2005, S. 148.
128  Vgl. Kramatschek, Claudia: „Vaterland im Kopf". *fluter. Magazin der Bundeszentrale für politische Bildung*, URL http://www.fluter.de/de/moral/literatur/4651/, Beitragsdatum 5.1.2006, letzter Zugriff 13.11.2013.
129  Flügge 2005.

dem Leser beiläufig viele Informationen über das alltägliche, religiöse Leben der Kairiner und der Alexandriner und ihr Verhältnis zur Religion. Der Schriftsteller berichtet, wie in diesem Land, das ihn teilweise an das Teheran vor vierzig Jahren erinnert, überall gebetet wird:

> vor dem hotel betet der sicherheitsbeamte auf der strasse. er hat sein handy vor sich auf die erde gelegt [...] die ägypter beten überall: auf der strasse, auf dem flughafen – offensichtlich braucht deren gott kein gehäuse.[130]

und weiter in Alexandria:

> ein mann sitzt auf der strasse zwischen zwei geparkten autos. im weißen gewand betet er. er ruft seinen gott. seine stimme ist voller trauer, voller melodie. er ist ganz bei sich, beachtet niemanden.[131]

Obwohl der Schriftsteller während dieser Reise eine allseits gegenwärtige, friedfertige, religiöse Stimmung und Haltung als angenehm verspürt, so wird doch sehr deutlich, dass er im Grunde zu der so verstandenen Religion keinen Bezug hat. Ein Beispiel dafür ist seine Bemerkung zum 13. Mai, als der Muezzin mittags zum Gebet aufruft und er aufrichtig und ohne Melancholie gestehen muss, dass er nichts mehr empfindet, dass ihm wohl etwas verloren gegangen sein muss, dass ihm die Schönheit dieser Melodie, die in der Kindheit immer wieder seine Seele tief berührt hatte, wahrscheinlich nicht mehr zugänglich ist.[132]

Diese Erinnerungen und Eindrücke geben eine erste Vorstellung davon, worin der Autor die wesentlichen Unterschiede zwischen Orient und Okzident sieht. Leider handelt es sich dabei um zu kleine Miniaturen und zu winzige Fragmente, als dass sie uns eine genauere Kenntnis von SAIDs Sichtweise vermitteln könnten.[133] Auf eine ausführlichere Bearbeitung des

---

130 SAID 2005, S. 153.
131 Ibid. S. 159.
132 Ibid. S. 154.
133 Viele deutsch-arabische Autoren der Gegenwart beschäftigen sich mit dem Thema Orient und Okzident und nehmen, teilweise auch unbewusst, Züge der orientalischen literarischen Tradition in ihren Werken auf, um so dem deutschen Publikum die ferne Welt des Morgenlandes näher zu bringen. Zu diesen Autoren gehören Schriftsteller wie Emine Sevgi Özdamar und Rafik Schami oder der Lyriker Adel Karasholi, die ihre Werke auf Deutsch verfassen. Zur Vertiefung siehe Aifan, Uta: *Araberbild. Zum Werk deutsch-arabischer Grenzgängerautoren der Gegenwart*. Shaker Verlag: Aachen 2003.

Komplexes Orient *versus* Okzident musste man noch fünf Jahre warten, bis schließlich 2010 ein von der Kritik mit dem literarischen Preis FDA (Freier deutscher Autorenverband) ausgezeichnetes Buch *Das Niemandsland ist unseres* erschien. In ihm bietet der Schriftsteller eine erweiterte und ausführliche Erläuterung seiner Ansichten zu Morgenland und Abendland. Neben den Beschreibungen von berühmten Persönlichkeiten, die eine wichtige Rolle sowohl im Orient als auch im Okzident gespielt haben, wie der Mystiker Ḥāfez, der heimatlose Rebell Jesus von Nazareth und der bekannte persische Wissenschaftler Avicenna, erörtert der Dichter hier auch eine mögliche respektvolle Annäherung der zwei so unterschiedlichen Realitäten unter Einbeziehung der Religion.

Die Unterschiede zwischen der religiösen Haltung des Abendlandes und des Morgenlandes d.h. zwischen Christentum und Islam kommen erstmals in dem vorletzten Kapitel des Werkes *Ich und der Islam* zu der explizit ausformulierten Erkenntnis, dass für ihn Religion nicht nur darin besteht, zu beten, gehorsam zu sein und regelmäßig die Kirche oder die Moschee zu besuchen, sondern dass Religion darüber hinaus auch Kultur bedeutet. Davon ist der Autor zutiefst überzeugt, wie er mehrfach betont:

> [...] daß das christentum, übrigens genauso wie der islam und das judentum, zunächst auch einmal ein kulturbegriff ist, wir können uns ja bach gar nicht vorstellen ohne christentum. [...] es geht einfach nicht, diese totale trennung.[134]

Leider weiß er aber auch ganz genau, wie er im letzten Kapitel *brief an adonis* schreibt, dass sowohl im Abendland als auch im Morgenland die Kultur das erste Opfer ist, wenn die Religion als Mittel der Politik eingesetzt wird. Und so warnt er: „denn kultur ist eine zu ernste angelegenheit, als dass man sie den politikern oder gar diktatoren überlässt".[135] Kultur, wie der Autor uns durch seine Lebensentscheidungen und Werke nahezubringen versucht, bedeutet unter anderem Dialogfähigkeit und Freiheit. Dies ist es, was er sich für die islamische Religion und die iranische Kultur in Zukunft erhofft, denn: „nur wer seiner eigenen kultur verbunden bleibt, kann für sein land eine liebe empfinden, ohne die anderen zu hassen".[136] Liebe, das ist die erste Voraussetzung für die Sprache der Freiheit und des

---

134 SAID 2005, S. 41.
135 Ibid. S. 162.
136 Ibid. S. 165.

Dialogs, eine Sprache, die man durch viele andauernde und beharrliche Anstrengungen lernen kann. Das Lernen dieser Sprache ist aber zum Glück nicht unmöglich, wie uns SAID am Ende seines Buches in einem letzten positiven und hoffnungsvollen Ausklang versichert: „liebende [...] haben geduld und fürchten keine mühen und keine weiten wege".[137]

Soweit die zuversichtliche Botschaft von SAID 2005. Leider muss man fast zehn Jahre später feststellen, dass das Erlernen der Sprache der Freiheit ein mühseliger und langwieriger Prozess ist, der immer noch der Vollendung harrt – diese traurige Tatsache wird angesichts der letzten gewalttätigen Ereignisse religiöser Intoleranz deutlich, die in den muslimischen Ländern andauern.

## II.4 Politik, Liebe und Religion auf der selben Bühne: *Dieses Tier, das es nicht gibt* und *Landschaften einer fernen Mutter*

Die bislang besprochenen Werke widmeten sich jeweils nur einem der saidschen Hauptthemen, entweder der Politik, oder der Liebe oder der Religion. Die folgenden zu untersuchenden Texte *Dieses Tier, das es nicht gibt* und *Landschaften einer fernen Mutter* haben hingegen die gemeinsame, in den anderen Prosawerken nicht zu erkennende Besonderheit, dass sie sich diesen drei Themen gleichzeitig widmen.

Ein Jahr nach der Erzählung *Es war einmal eine Blume* erscheint ein neues Buch von SAID *Dieses Tier, das es nicht gibt*[138] mit dem Untertitel *Ein Bestiarium*, an dem der Autor mit Unterbrechungen 11 Jahre lang arbeitete. Es handelt sich dabei um einen zoologischen Exkurs in Form eines alphabetisch geordneten Katalogs, in dem 74 Tiere und zwei Fabelwesen beschrieben werden.

In der Geschichte der Literatur trifft man Tiere als Hauptfiguren schon seit dem 6. Jahrhundert v.Chr. in den Fabeln des Äsop. Im *Physiologus*, datierbar ins 2. bis 4. Jahrhundert, begegnet man erstmals den Bestiarien, die im Mittelalter immer zahlreicher und bekannter werden. Später, im 18. Jahrhundert, erhalten die tierischen Protagonisten der Fabelsammlungen

---

137  Ibidem.
138  Im Folgenden zitiert als *Dieses Tier*.

des Jean de La Fontaine, der sich von Äsop und anderen antiken Autoren inspirieren lässt, europaweit Erfolg. Mit anderer Zielsetzung erscheint im 19. Jahrhundert schließlich auch der Tierkatalog von Brehm in Form eines Nachschlagewerkes *Illustrirtes Thierleben*, 1864–1869, das in nachfolgenden Ausgaben als Brehms Tierleben bekannt wird.

Berühmt sind auch einige Erzählungen Kafkas, in denen Tiere die Hauptrolle spielen – man denke z.B. an *Die Verwandlung*, 1915, *Schakale und Araber*, 1917, *Ein Bericht für eine Akademie*, 1917 usw. Zudem lebt das Bestiarium im 20. Jahrhundert dank der Werke von Apollinaire, *Le Bestiaire ou cortège d'Orphée*, 1911, und Franz Blei *Das grosse Bestiarium der deutschen Literatur*, 1923, als eigene literarische Gattung wieder auf.[139]

Hier kann der iranisch-deutsche Schriftsteller anknüpfen und er schafft mit seinem Bestiarium *Dieses Tier* ein durchaus eigenständiges Werk dieses Genres, ein witziges und teilweise surrealistisches Panoptikum voll Spott, Satire und Erotik.[140] Wieder arbeitet er, wie in *Es war einmal eine Blume*, mit Bildern, die Raum für vielfältige Deutungen lassen und doch dem Leser eine klare Botschaft vermitteln. Abermals lässt der Autor der Phantasie freien Lauf und verfasst wieder surrealistische Seiten, in denen er sich auch thematisch treu bleibt. Abgehandelt werden das politische Geschehen, die Überlegungen zur Religion und zur Liebe, und am Rande, aber dennoch bedeutsam, auch die deutsche Sprache, allerdings mit dem Unterschied, dass diese Themen zusammengesetzt und in einer anderen Art und Weise als in den frühen Werken geschildert werden.

*Dieses Tier* fand bei der Kritik durchaus wohlwollende Beachtung. Stefan Weidner beschreibt das saidsche Werk zum Beispiel als eine „kleine tierische Sternstunde der Literatur" und betont, wie gut und humorvoll

---

139  Vgl. Obermaier, Sabine: *Tiere und Fabelwesen im Mittelalter*. De Gruyter: Berlin 2009; Meier, Frank: *Mensch und Tier im Mittelalter*. Thorbecke: Ostfildern 2008; Schenda, Rudolf: *Who's who der Tiere: Märchen, Mythen und Geschichten*. Deutscher Taschenbuch Verlag: München 1998; Auteri, Laura: *Nel regno «del dis-umano». Uno studio sull'epopea degli animali nella Germania tardo-rinascimentale*. Guerini: Milano 1990.

140  SAID, Klappentext von *Dieses Tier*.

der Dichter mit einer typisch deutschen Obsession, eben den Tieren, umgeht.[141] Angela Schader sieht den Text hingegen als ein handliches Bestiarium mit surrealen und prägnanten Vignetten an, die die ganze Tierwelt mit einigen innovativen Ergänzungen zu Brehms *Thierleben* darstellen.[142] Sie führt in der Buchbesprechung an, das Werk sei einerseits ein zu kluges und poetisches Spiel, um nur als einfaches Buch zu gelten, andererseits sei es aber genug witzig und verquer, um dem Leser keine prätentiöse Bedeutungsschwere anzubieten.[143]

In der Buchbesprechung von Rolf-Bernhard Essig wird *Dieses Tier* als das tierische Amüsement vom Autor apostrophiert und gleich aus mehreren Gründen für den „Index" vorgeschlagen.[144] Voller Ironie listet Essig die Gründe für die Indizierung auf, so leiste das Werk den irrationalen Kräften des Aberglaubens Vorschub und entferne sich von den christlichen Glaubenswahrheiten, wenn es zum Beispiel lehre, dass die Galle des Hasen den Menschen vor Blindheit bewahre und sein Herz den Teufel verjage.[145] Hinzu käme SAIDs willkürliche Ernennung neuer Schutzpatrone ohne, wie Essig schreibt, kirchliche Bevollmächtigung durch die Ratzingersche Kongregation:[146] so werde bei ihm der Falter zum Schutzpatron der Liebenden, die Gazelle zu dem der Heiligen und das Krokodil zu dem der Zahnärzte und weitere Beispiele ließen sich noch anführen.[147] Das Buch gehöre auch auf den Index, weil es den Spaß des Autors beim respektlosen Umgang mit weltbewegenden Themen wie Auschwitz, der Asylproblematik und den Sexualdelikten widerspiegele.[148]

---

141 Vgl. Weidner, Stefan: „Rezensionsnotiz zu Dieses Tier, das es nicht gibt". *Die Zeit* 11.11.1999.
142 Vgl. Schader, Angela: „Liebeserklärung an den Baran. Ein Streifzug durch die Tierwelt mit dem Lyriker Said". *Neue Zürcher Zeitung* 9.12.1999.
143 Ibidem.
144 Vgl. Essig, Rolf-Bernhard: „Falsche Hasen. Das tierische Amüsement des Dichters Said". *Süddeutsche Zeitung* 19./20.2.2000.
145 SAID 2001², S. 35.
146 Essig 2000.
147 SAID 2001², S. 25, 28, 45 und 23.
148 SAID schreibt, dass die Fledermaus seit Auschwitz nur in Flüsse scheißt, dass die Hyäne die Flüchtlinge frisst und, dass der Igel seine 99 Geliebten zerfällt. Ibid. S. 26, 38, 39.

SAIDs Tiere, die so viele Motive andeuten, tragen einerseits animalisch-menschliche andererseits wenig realistische Züge. Ihre Namen sind manchmal nur der Einbildungskraft des Autors entsprungen, wie zum Beispiel „der animalule", „der paralule" oder „der tschutschuri" und ähnliches. Daneben kommen aber auch der Elefant, der Esel, die Gazelle, die Giraffe und andere uns geläufige Tiere vor, versehen mit menschlichen Zügen. So liest der Barsch jeden Tag eine andere Tageszeitung, die Forelle duscht jeden Morgen kalt, das gewöhnliche Haustier frisst Spaghetti mit Bologneser Soße und kann kein Blut sehen, das goldene Kalb hat eine E-Mail Adresse, der Schakal leidet an Migräne und so fort.[149] Wenn die saidschen Bestien übliche tierische Gewohnheiten aufweisen, so ist ihr Verhalten wie man sieht nicht frei von surrealistischen Zügen. Weitere Beispiele: SAIDs Hund ist selbstverständlich treu, doch was seltsam anmutet: „nach seiner pensionierung arbeitet er als seismograph an der universität von teheran",[150] die Katze liegt wie gewöhnlich auf dem Fensterbrett und kuschelt sich ins Kissen, aber ist eigenartigerweise steuerpflichtig, auch das Krokodil zeigt gleichermaßen echt tierische wie auch phantastische Eigenschaften, man liest: „am liebsten sitzt das krokodil am nil mit einem glas whisky in der hand".[151] Nehmen wir noch den Tukan, der wie in der Realität zur Hälfte aus seinem Schnabel besteht, aber dank der Einbildungskraft des Autors in seiner Freizeit dicke Romane liest.[152]

Es scheint mir, dass der Autor mit der Veröffentlichung dieses Werkes seine subversiven Intentionen deutlich machen wollte. Sie werden in der Verbindung der beschriebenen Widersinnigkeiten mit ernsthaften Überlegungen offenbar, des Unsinns mit den wissenschaftlich abgesicherten zoologischen Fakten, die in den provozierenden Porträts des Buches dargestellt werden. So heißt es weiter z.B. von der Gazelle, dass sie Kugeln scheißt, die man gut mit Reis aufkochen kann, während wenige Seiten

---

149  Ibid. S. 13, 30, 33, 62.
150  Ibid. S. 37.
151  Ibid. S. 43.
152  Ibid. S. 45, 72.

später die völlig korrekte, wenn auch etwas seltsam anmutende Tatsache wiedergegeben wird, dass sich Hunde beim Begattungsakt oft nicht voneinander trennen können.[153]

Doch was hat das alles mit den saidschen Hauptthemen zu tun? Wie werden diese dargestellt? In welchem Zusammenhang stehen sie mit den phantastischen Geschichten? Man wird sagen können, dass sich in jeder der kurzen Beschreibungen der animalisch-menschlichen Tiere Äußerungen SAIDs über Politik und Religion finden lassen. Politische und religiöse Betrachtungen des Autors wenden sich aber nicht nur auf teils satirische, teils tief melancholische Weise gegen die iranische Politik oder den Islam, sondern sie richten sich auch gegen die weltweite politische Situation und das Christentum. So frisst der saidsche Piranha gleichermaßen das Fleisch von Politikern wie von perversen Prälaten, d.h. er macht keinen Unterschied, welchen politischen Parteien oder religiösen Richtungen seine Opfer angehören.[154] Ein weiteres Zeugnis für SAIDs allgemein gültige Kritik an Politik und Religion ist die Beschreibung des Albatros:

> [...] der albatros will keine kompromisse machen; er findet, davon hat er in seinem leben bereits zu viele gemacht. [...] früher war er evangelisch und heute will er weder mit dem staat noch mit der kirche etwas zu tun haben; [...].[155]

Und so bildet SAID das gesamte politische und gesellschaftliche Spektrum ab, wenn er den Barsch demokratisch sein lässt, den Delphin Antikommunist und den Tausendfüßler Mitglied einer Freimaurerloge, während das Zebra Sozialist ist, der „paralule" nicht Kosmopolit sein will, die Stechmücke sich antisemitisch zeigt und der Beo schließlich weder sozialdemokratische Neigung zeigt noch gewerkschaftlich organisiert ist.[156] Dass die Tiere in *Dieses Tier* keinen Nationalismus mögen, dafür ist der Schakal ein gutes Beispiel, aber auch der Gecko, der auf beiden Ohren taub für vaterländische Gesänge ist.[157] Die direkte, harte Kritik an den politischen iranischen Zuständen darf natürlich auch nicht fehlen und so

---

153  Ibid. S. 28, 37.
154  Ibid. S. 57.
155  Ibid. S. 9.
156  Ibid. S. 13, 16, 68, 79, 55, 66, 14.
157  Ibid. S. 62, 29.

finden wir Tiere, die durch einige ihrer spezifischen Gewohnheiten auf die Lage im Iran verweisen. Der Hase und der Glockenhund haben Angst von ihren Feinden ermordet zu werden, die Lemminge werden von den Ratten als politisch kurzsichtig verachtet, der Tiger versteht nichts von der Drahtmaschine, die deutlich an den Terror im Iran erinnert und die Wanze gesteht, eine Mitarbeiterin des Geheimdienstes zu sein.[158]

Auch die Religion spiegelt sich auf vielfache Weise in den typisch menschlichen Zügen der Tiere, die perfekt das unreligiöse Verhalten des Autors und vieler Menschen wiedergeben: die Forelle betet nicht, die Giraffe ist gottlos, die Ameise ist Agnostikerin, der Hund besucht keinen Gottesdienst und der Tausendfüßler ist abergläubisch und glaubt an keinen Gott. Doch lässt der iranische Autor auch Raum für den Glauben und daher befinden sich im Katalog der Tiere die fromme Libelle und der konfirmierte Jochochse, der an ein Leben nach dem Tod und die Reinkarnation glaubt, der katholische Kabeljau, der jährlich nach Fatima auf den Knien eine Wallfahrt macht und der tief religiöse Karpfen, der die Psalmen Davids auswendig kennt und der, nach der Legende, sein Vaterland verlassen hat, um beten zu können.

Die zahlreichen Tiere in *Dieses Tier* lieben dann wie die Menschen und haben wie sie starke sexuelle Impulse, die sie sowohl mit festen Geliebten als auch mit verschiedenen Partnern befriedigen. Die Liebe, die bis jetzt beim Autor als Zärtlichkeit und reines Gefühl dargestellt wurde, zeigt sich hier anders. Sie verwandelt sich in seinem Bestiarium oft in einen leidenschaftlichen tierischen Trieb, der mehrmals in Pornographie und Vulgarität umschlägt. Ein paar Beispiele mögen dies verdeutlichen: das gewöhnliche Haustier ist pornographisch veranlagt, das goldene Kalb besitzt mehrere Partner-Agenturen, der „paralule" geht fremd, der Rhesusaffe hat masturbierende Partnerinnen, der Rabe besteht auf Fellatio, die Taube ist eine leidenschaftliche Spermaschluckerin usw. Einige saidsche Tiere haben auch Geschlechtsverkehr mit den Menschen, z.B. liest man: „der albatros begattet grundsätzlich nur schiffbrüchige und bevorzugt blonde matrosen mit schwarzen wollsocken", das Einhorn und der Gecko machen Sex mit Jungfrauen.[159] Die zärtliche und herzliche Liebe,

---

158  Ibid. S. 35, 32, 59, 69, 74.
159  Ibid. S. 61, 58, 67, 9, 20, 29.

die SAIDs Sammlungen von Liebesgedichten und in dem schon untersuchten Text *parlando* vorkommt, finden wir zwar auch bei einigen Tieren, doch sie sind die Ausnahme: der Honigbär denkt mit geschlossenen Augen liebevoll an seine Geliebte, der Falter ist der Schutzpatron der Liebenden und die Wühlmaus ist monogam und hat einen festen Partner, im Gegensatz zu der Muräne, die gerne betrügt.

*Dieses Tier* scheint also ein Katalog, der für jeden Geschmack etwas bietet, ein Text, wo der Leser sich durch die Beschreibungen mit den Tieren und Fabelwesen einfach identifizieren kann. Dazu kommt, dass die saidschen Tiere wie die Menschen widersprüchlich sind. So lebt der Beo z.B. vom Dialog, aber er stirbt an seinen Monologen, d.h. obwohl er die Gesellschaft liebt und sich gerne unterhält, beendet er sein Leben allein und einsam. Der Spatz lebt von Dreck und Freiheit, sein Wesen stützt sich auf zwei entgegengesetzte Elemente: denn während der Dreck eher auf Negatives verweist, ist die Freiheit positiv besetzt. Auch die Wühlmaus scheint widersprüchlich, wenn man liest: „[sie] strebt die doppelte staatsbürgerschaft an und ist dennoch monogam", was sich so interpretieren ließe, dass das Tier, obwohl es zu zwei Seiten hin tendiert, in diesem Fall zwei Staaten, doch nur einem treu bleibt.

In *Dieses Tier* zeigen die Tiere nicht nur allgemein-menschliche Züge und Verhaltensweisen, sondern tragen in einigen Fällen auch die biographischen Züge des Autors. Um nur einige Beispiele zu erwähnen: die Gazelle lebt von der Flucht und erzählt auch davon, die Ratte liebt Europa, die Sirene hat Heimweh und der Spatz lebt von der Freiheit, die Parallelen zum Autor sind hier evident.[160]

Wie aber lässt sich die Vogelscheuche einordnen, die auf Grund ihrer beruflichen Deformation das Fliegen verlernt hat und auch nicht mehr sprechen kann? Die Figur scheint das Gegenteil von SAIDs Entwicklung zu verkörpern, dem es durch seine Arbeit als Schriftsteller in Deutschland erlaubt ist, sich frei zu bewegen, ohne Einschränkungen zu sprechen und seine Gedanken frei zu äußern.

Entgegen diesem so komplexen und vieldeutigen Inhalt sind Stil und Sprache eher linear. Die Bündigkeit sowie die semantische und syntaktische

---

160  Ibid. S. 28, 59, 64, 65.

Einfachheit fallen dem Leser sofort auf. Die Protagonisten sind mit wenigen sparsamen und präzisen Sätzen und häufig auch durch skurrile Wörter aus dem Sexual- und Fäkalbereich, wie „fellatio", „ficken", „furzen", „pissen", „arschkriechen" usw., direkt charakterisiert.

Es scheint, dass der Autor einer veränderten radikaleren Sprache bedarf, um dieses irreale tierische Panoptikum und damit auch die Menschheit zu beschreiben, da die Sprache für ihn ein extrem empfindliches Mittel ist, um die ihn umgebende Realität adäquat auszudrücken.

Die Sprache erfüllt die Funktion eines Filters zwischen Erzählung und Wirklichkeit und bewirkt, gezielt eingesetzt, beim Lesen einen Verfremdungseffekt, der wohl die politische Anklage zugleich abmildern und pointieren soll.

Ist der Kunstgriff, Tiere mit menschlichen Eigenschaften und der menschlichen Sprache auszustatten, aus den klassischen Fabeln von Äsop bis La Fontaine bestens bekannt, so spitzt der Schriftsteller dieses Prinzip noch zu, indem er seine Hauptfiguren in einen besonderen Zusammenhang mit der Sprache selbst stellt. SAIDs Tiere leben wie ihr Autor für und von der Sprache. So kann zum Beispiel das goldene Kalb alle Sprachen sprechen, der Spatz spricht in jedem Land sofort die *lingua franca* und andere Tiere können gut schreiben: die Fledermaus war die Briefschreiberin von König Salomo, der Papagei schreibt Prosa und selbst das Chamäleon kann nicht nur gut sprechen, sondern auch Gedichte verfassen, mit der gleichen Leichtigkeit, mit der ein Mensch normalerweise isst: „[...] wörter kommen auf leisen sohlen und setzen sich auf seine zunge. [...] zieht es sie ins maul zurück [...] schmeckt die wörter ab, [...]".[161]

Die Ausstattung der Tiere mit menschlicher Sprache geht über die fabelhafte Verfremdung hinaus, Sprache ist existenziell, was auch in einem späteren Text *bekenntnisse eines chamäleons*, 2006, deutlich wird, wo SAID sich als Lyriker mit einem Chamäleon vergleicht und das Bild zweier Flüsse wählt, um seine mehrsprachige Erfahrung zu beschreiben:

es sind zwei flüsse in mir. hier der persische, dort der deutsche; [...] in dem einen fluss schwimme ich mit, meist ohne bewusst zu sein, dass ich schwimme. in dem anderen kämpfe ich um jedes wort, um nicht zu ertrinken. die zwei verwandeln

---

161  Ibid. S. 15.

mich in ein chamäleon, ohne eigene farbe. [...] das chamäleon glaubt, es kann keinen der flüsse verlassen, denn sonst verdurstet das tier.[162]

Zurück zu unserem Text *Dieses Tier*. Der Gecko frisst hier Kohlepapier und Basilikumblätter, und wenn die Basilikumblätter auf den Duft in der Wärme des Vaterlandes verweisen, so mag man das Kohlepapier andererseits als Metapher für das Schreiben und damit auch für das Gastland Deutschland ansehen, wo SAID als freier Schriftsteller arbeiten und leben kann.[163] Sprache und Schreiben werden also in diesem märchenhaften Text besonders thematisiert, selbstreferentiell reflektiert, aber damit nicht genug, sie werden in den Status der Kunst erhoben und die deutsche Sprache wird zur Kunst des Dichters. Der Autor erklärt, mit diesem Werk die Entscheidung getroffen zu haben, sich des Deutschen mit größerer Freiheit zu bedienen und unter anderem die Regeln der neuen Rechtschreibung nicht zu beachten. Die Sprache gilt ihm nun als freie Kunst, was sich wiederum in einigen seiner Tiere spiegelt, die auch Künstler sind. Der Gecko ist zum Beispiel Straßenmusikant. Er lebt vom Geld, das er beim Singen auf der Strasse verdient, und versteht sich als Künstler, frei und ungebunden – wie der Schriftsteller. Des Tieres Leidenschaft für das Schreiben und Singen, das man als völlige Hingabe an die Kunst betrachten kann, erinnert an manche kafkaschen Tiere, die dem Lyriker bestens vertraut sind.[164] Man denke zum Beispiel an die Protagonistin in *Josephine, die Sängerin, oder Das Volk der Mäuse*, 1924, die ihre Zeit mit Singen verbringt und an den Hund in *Forschungen eines Hundes*, 1922, der in Verfolgung seiner Neigung die Entscheidung trifft, sein Leben dem Studium und der Forschung zu widmen.[165] Aber

---

162 SAID *bekenntnisse eines chamäleons* 2006.

163 SAID 2001², S. 29.

164 Vgl. Fingerhut, Karlheinz: *Die Funktion der Tierfiguren im Werke Franz Kafkas. Offene Erzählgerüste und Figurenspiele*. Bouvier: Bonn 1969; Murray, Nicholas: *Kafka und die Frauen*. Artemis & Winkler: Düsseldorf 2007.

165 Vgl. Körber, Patrick: *Franz Kafka: Forschungen eines Hundes eine motivgeschichtliche Untersuchung – Zwischen Distanz und Nähe – Eine Interpretation*. Grin: Frankfurt a.M. 2004; Winkelman, John: „Kafkas Forschungen eines Hundes". *Monatshefte für den deutschen Unterricht* 59, 1967, S. 204–216.

die saidschen Protagonisten kennen nicht die qualvollen Seiten der Geschichten der kafkaschen Tiere. SAIDs Tiere mit ihren Eigenheiten und ihren chtonischen Zügen – man denke zum Beispiel an die Hyäne, die Ratte, die Wanze, die Laus und an den Schakal – sind immer wechselnde Bilder, die der Schriftsteller den Menschen vor Augen führt, die sich normalerweise den Tieren überlegen fühlen, ohne es wirklich zu sein.[166] Damit wird abermals der Einfluss des Autors aus Prag auf SAID deutlich, denn auch Kafkas Tiere nehmen zuweilen menschliche Züge an, während die Tiere in den klassischen Fabeln stets bestimmte Menschentypen repräsentieren.

Letztlich sind alle Tiere, nicht nur der Gecko, auch eine Metapher für den Autor selbst, der sich wie seine Protagonisten als ein merkwürdiges und rätselhaftes Wesen fühlt. Ein Wesen, das die Realität mit „anderen Augen", mit den Augen des „Anderen" beobachtet, genau wie der Dichter es tut, wenn er sich sein Gastland und dessen Bewohner anschaut. Wenn man allerdings die durchaus mögliche Identifizierung des Autors mit einem bestimmten seiner Tiere, dem Einhorn, Symbol des Adels und der Reinheit, heranzieht, wird deutlich, dass hier auch ein gewisses Gefühl der Überlegenheit mitschwingt.

Im Text verbindet sich in der Figur des Einhorns die elitäre Rebellion, die zur Flucht von der Masse führt, mit der dichterischen Neigung, die schwere Last des Alltags zu erleichtern. Das mythische Tier wird also zur Metapher *par excellence* für unseren persischen Autor.

---

166 Positive und negative Eigenschaften für jedes Tier werden zwar schon im *Physiologus* hervorgehoben, bei SAIDs Tieren, nach dem Beispiel von Kafka, ist es nun aber nicht nur so, dass sie mal gut und dann wieder schlecht handeln können, oder dass sie mal gut und dann wieder böse sind. Sie sind gut und böse gleichzeitig, ihre Widerwärtigkeit wie ihre Anmut sind verschiedene aber zugleich untrennbare Eigenschaften ein- und desselben Wesens. Vgl. Di Bella, Arianna: „Zur Funktion der Tiere in einigen Erzählungen Kafkas". In: Neumeyer, Harald/Steffens Wilko (Hrsg.): *Kafkas Betrachtung*. Königshausen & Neumann: Würzburg 2013, S. 41–51; Kremer, Detlef: „Kafka. Die Erotik des Schreibens. Schreiben als Lebensentzug". In: Liebrand, Claudia (Hrsg): *Franz Kafka. Neue Wege der Forschung*. Wissenschaftliche Buchgesellschaft: Darmstadt 2006, S. 75–86; Zhou, Jianming: *Tiere in der Literatur. Eine komparatistische Untersuchung der Funktion von Tierfiguren bei Franz Kafka und Pu Songling*. Niemeyer: Tübingen 1996.

Wie der Schriftsteller hat das Einhorn zum Beispiel Schwierigkeiten einzuschlafen und verbringt die Nächte mit der Abfassung seiner Werke. Nachdem es die Arche Noah verlassen musste, weil es die tierische Natur seiner Artgenossen nicht ertragen konnte, widmet es sich dem Studium und der Dichtung und wählt schließlich die deutsche Sprache als seinen ständigen Wohnsitz:

> das einhorn sitzt nachts [...] und blättert in dicken büchern [...]. der prophet noah hat es von der arche verjagt, weil das einhorn die ausdünstungen anderer tiere nicht ertragen wollte. seither [...] schreibt [es] gelegentlich gedichte. seinen ständigen wohnsitz hat es in der deutschen sprache eingerichtet.[167]

Diese Lösung passt bestens zum iranischen Flüchtling, der durch eine „andere" Sprache eine neue Identität gewonnen hat, die ihm niemand absprechen kann, weil sie nur zu seinem inneren Leben gehört. Aber der Preis, den er dafür zu zahlen hat, ist hoch: die Einsamkeit, ständige Begleiterin der Menschen, die sich entschieden haben, den einmal eingeschlagenen Weg bis zum Ende zu gehen.

Ein ganz anderes Genre scheint der erste Roman des Autors, *Landschaften einer fernen Mutter*, zu eröffnen, obwohl er inhaltlich einige Ähnlichkeiten mit *Dieses Tier* aufweist. In Deutschland wurde das Werk zum Objekt lebhafter Diskussionen unter den Kritikern wegen der außerordentlichen Schärfe, mit der er mit der Figur seiner Mutter abrechnet. Laut Angela Schaders ist sich SAID als profunder Kenner der europäischen Literaturen durchaus bewusst, dass man ein solches Buch eigentlich nicht schreiben darf.[168] Dieselbe Meinung vertritt Haucke Hückstädt, der den Roman als zu ambivalent und intim ansieht, als dass er ihn angemessen beurteilen könnte.[169] Gleichzeitig wurde dieser Roman weiter als Text betrachtet, der die ständige Auseinandersetzung des Autors mit der Vergangenheit aber auch mit der Gegenwart am besten widerspiegelt. In diesem Werk lässt der Schriftsteller nämlich einem alten, aber in seinem Herzen immer drängenden Thema freien Lauf:

---

167 SAID 2001², S. 20.
168 Vgl. Schader, Angela: „Die zweimal verlorene Mutter. Said markiert Leerstellen seines Lebens". *Neue Zürcher Zeitung* 14.6.2001.
169 Vgl. Hückstädt, Haucke: „SAID, Landschaften einer fernen Mutter". *Literaturen* 1.9.2001.

seinem Schmerz und Gefühl darüber, ohne mütterliche Liebe aufgewachsen zu sein und im Exil zu leben. Die Liebe ist eine ständige Konstante des Romans, eine besondere und sehr komplizierte Liebe, wie Rolf-Bernhard Essig anmerkt.[170] Eine Liebe, die verweigert wird, nicht manifestiert und nicht ausgedrückt werden kann. Von dieser sonderbaren Liebe handelt eben das Buch, das von Stefan Weidner eher als ein privater Brief betrachtet wird, und dessen großer Bruder *Brief an den Vater* sei.[171] Doch der Autor weiß ganz genau, dass die Mutter seinen Abschiedbrief nie lesen wird.

Das einzigartige Mutterbuch *Landschaften einer fernen Mutter* handelt aber nicht nur von Liebe sondern auch von Politik und daher, in Bezug auf SAIDs Leben, von Exil und teilweise auch von Religion.[172]

Erst mit 13 Jahren lernt der Schriftsteller die Frau kennen, die ihn zur Welt gebracht hat.[173] Während des in Teheran organisierten kurzen Treffens haben Mutter und Sohn aber leider keine echte Gelegenheit, sich wirklich kennen zu lernen. Viele Jahre später, 1990, lässt die Mutter – unter vielen Schwierigkeiten – ihn suchen und bittet ihn, sie in Toronto, wo einer der Söhne aus ihrer zweiten Ehe wohnt, zu treffen: *Landschaften* erzählt von dieser zweiten und höchstwahrscheinlich letzten Begegnung.

Schon im Werk *Selbstbildnis für eine ferne Mutter*, einer Art Tagebuch-Bericht, beschreibt der Autor in einer verfassten Mischung aus Dichtung und Prosa seine Erwartungen, die er an das Wiederfinden der lang vermissten Mutter knüpfte. Im Roman *Landschaften* geht er hingegen auf Details ein, erzählt von der Planung der Reise bis zu den langen Unterhaltungen

---

170 Vgl. Essig, Rolf-Bernhard: „Willkomm und Abschied". *Süddeutsche Zeitung* 2.3.2001.

171 Vgl. Weidner, Stefan: „Wortgewaltiger Reibungsverlust". *Frankfurter Allgemeine* 4.7.2001.

172 Rolf-Bernhard Essig bezeichnet den Roman als ein „hochpolitisches Buch". Essig 2001.

173 Das erste Treffen zwischen SAID und seiner Mutter wird in *Landschaften einer fernen Mutter* nur ganz kurz skizziert, dennoch versteht der Leser sofort die Würde dieser Erinnerung, weil sie zusammen mit den Erzählungen der drei Träume durch die kursive Schrift hervorgehoben wird. SAID: *Landschaften einer fernen Mutter*. Deutscher Taschenbuch Verlag: München 2003³, S. 62–63, 18–23, 70–71. Im Folgenden zitiert als *Landschaften*.

mit der Mutter, die geprägt sind durch das Rekurrieren auf Symbole erlebter Gefühle beim Zusammensein mit ihr, und davon, was nach den gemeinsam verbrachten Tagen passierte.

Von den gemeinsamen Tagen bleiben in SAID leider nur eine sehr große Enttäuschung und eine unausfüllbare Lücke. Wenn er am Anfang die von der Frau in Kauf genommenen Hindernisse den Sohn endlich wiederzusehen als ein deutliches Zeichen der Liebe deutet, ist er später geneigt zu glauben, dass sie sich eigentlich nur für die Jahre des Schweigens rechtfertigen wollte:

> du hast dich entschuldet, gesäubert. du bist nach toronto gekommen, um mir zu erzählen, dass du dein kind nicht verlassen hast. […] du bist rehabilitiert. aber als mutter, als mutter hast du versagt. nicht weil du nichts erzählt hast. sondern weil du nichts gefragt hast.[174]

Die völlige Fremdheit zwischen den Beiden wird auf vielen Seiten des Romans evident, ihre Welten sind zu weit entfernt, ihr religiöser Glauben und die Werte, denen sie Bedeutung beimessen, sind ganz anders. Sie wundert sich, dass er nicht religiös und nicht verheiratet ist, dass er kein Auto besitzt, der Beruf als Schriftsteller ist für sie ganz fremd: dieser ferne Sohn scheint ihr nicht sehr zu gefallen – so empfindet es zumindest der Lyriker.

Der Stil des Romans ist durch zahlreiche Erzählmittel gekennzeichnet, die sehr gut die fragmentarische Realität einer Begebenheit widerspiegeln, die es nicht geschafft hat, die Brüche der Vergangenheit zu heilen.[175] Im Text wechseln Passagen ab, die einmal aus einem Tagebuch und einmal aus einem chronistischen Bericht gezogen scheinen. Dieses Abwechseln zwischen autobiographischen subjektiven Sequenzen, die die intimsten und persönlichsten Gedanken hüten, und Passagen, die dem Leser durch ihren Stil, fast wie in einer Chronik objektive Informationen geben, zeugt

---

174  Ibid. S. 98–99.

175  SAID hat überhaupt keine Schwierigkeit zu gestehen, dass es ihm nie gelungen ist, diese konfliktreiche Beziehung zu klären. Während eines von der Universität Palermo in Kooperation mit dem Goethe Institut und dem Centre culturel français Palermo organisierten literarischen Treffens 2007 liest SAID einige Passagen aus *Landschaften* und bringt seinen Roman mit Kafkas *Brief an den Vater* in Zusammenhang. Als SAID noch sehr jung war, las er seinen Lieblingsautor Kafka heimlich, da seine Familie den Autor aus Prag für gefährlich hielt und fürchtete, dessen Werk könne ihn zum Selbstmord bewegen.

sowohl vom Schwanken der Erregungen, die der Autor fühlt, wenn er an die in Toronto verbrachten Momente denkt, als auch von der ständigen Flucht nach vorne und von dem gelegentlichen unerwarteten Innehalten während des Treffens mit der Mutter.

Auch die Wiedergabe der drei Träume und ihre typographischen Übertragungen gelten als weitere Stilmittel. Die große Bedeutung dieser Träume sowie eines kleinen Abschnitts, der ganz kurz aber ausdruckskräftig die erste Begegnung mit der Mutter in Teheran schildert, wird durch einen plötzlichen Wechsel des Schriftstils hervorgehoben. Diese Passagen werden kursiv übertragen, als wolle der Schriftsteller dadurch diese Abschnitte noch stärker von der restlichen Erzählung abgrenzen. Die Träume zeichnen ein ganz anderes Bild vom Vater des Autors, der in den sonstigen Erinnerungen fast immer stark und autoritär erscheint. Durch die Träume lernen wir hingegen die Schwäche und die Fixierungen des Mannes kennen. Es bleibt aber die Frage, warum sich der Autor dafür entscheidet, dem Leser von den Träumen über seinen Vater zu berichten. Es könnte sein, dass SAID unbewusst die Schwäche des Vaters nicht akzeptieren kann oder sie gerade kritisieren möchte und deswegen die Darstellung dieser Charakterseiten des Mannes in träumerische Erzählungen kleidet. Dem Leser wird die Rolle des Psychoanalytikers und Traumdeuters überlassen, um sich so selbst ein vollständiges Bild dieses Mannes zu machen.

Aber wie viele Träume genau finden sich in *Landschaften*? Und was erzählen sie von SAIDs Vater?

Während die Mutter die Erinnerung an ihren ersten Mann, SAIDs Vater, durch Erzählungen über ihre Ehe wachruft, erzählt der Autor von ihm durch drei datierte Träume: vom 17. Juli 1976, vom Oktober 1984 und vom 21. März 1983, in denen der Mann immer kraftlos scheint. Der erste Traum stellt den damaligen Offizier besonders kraftlos, gebrechlich dar, er geht mühsam und kann den Kopf nicht aufrecht halten. Der Vater besucht seinen Sohn in München, und der Autor kommt dem schüchtern vorgetragenen Wunsch des Vaters nach, ihn zu einem Bordell zu begleiten.[176] Der

---

176 Der Vater ist seit vier Jahren verstorben, als SAID von ihm träumt und in seinen biographischen Hinweisen findet man keine Andeutung eines Besuchs des Vaters in Deutschland. Dagegen erfährt man in der Erzählung, dass sie sich in Paris getroffen haben. SAID 2003, S. 65, 96.

Schriftsteller findet sich jetzt *quasi* in der elterlichen Rolle wieder, in der Rolle des Vaters, der dem noch unerfahrenen Kind die Welt zeigen muss. SAID selbst schreibt: „er [...], schaut [...], mit dem ausdruck eines kindes, [...]" und weiter liest man: „[...] muss ich alles für ihn erledigen".[177] Er muss nach einer Frau suchen, die weder hässlich sein soll noch zu kräftig, weil der Mann mit seinem kranken Herzen sich nicht anstrengen darf, und bezahlen muss er sie auch. Er findet schließlich eine Schwarzhaarige und ist sich sicher, dass sie dem Vater gefällt. Die Anspielung auf SAIDs Mutter ist hier offensichtlich. Die Mutter wird dem Sohn erzählen, dass sie als Mädchen langes schwarzes Haar hatte.

Am Ende des Geschlechtsverkehrs bleibt der Vater nackt auf dem schmutzigen Bett liegen und beginnt leise zu weinen. Dieser intensive Gefühlsausbruch des alten Offiziers, der auch vor dem Sohn seine Tränen nicht zurückhält, könnte als Ausdruck des Schuld- und Schamgefühls des Mannes wegen seines Verlangens, mit einer Prostituierten Sex zu haben, gelesen werden. Der Autor schreibt: „er steht verloren neben mir, mit einer haltung, als ob er sich entschuldigen will, wegen seiner sexuellen wünsche".[178] Es lässt sich aber auch denken, dass SAIDs Vater angesichts der Selbsterkenntnis weint, alt und schwach und auf Hilfe angewiesen zu sein.

Als der Schriftsteller sieht, wie sein Vater leidet, erfasst ihn tiefe Erschütterung, und wie zur Strafe dafür entscheidet er sich nun für einen eher rohen Geschlechtsverkehr mit der Schwarzhaarigen: „packe unsanft ihre titten und werfe sie auf das bett".[179] Diese Entscheidung des Autors, Sex mit derselben Frau wie der Vater zu haben, die ihn zudem an die Mutter erinnert, sei nach Gusatto als eine Schilderung des Ödipuskomplex zu verstehen.[180] Man könnte sogar noch weiter gehen und in dem Geschlechtsakt des Sohnes mit der Prostituierten, der immer härter und roher wird und zum Analverkehr drängt, eine Bestrafung der Mutter sehen, die ihn verlassen und ihm ihre Liebe entzogen hat.

---

177  Ibid. S. 18.
178  Ibidem.
179  Ibid. S. 20.
180  Vgl. Gusatto, Alessandra: *Analyse der Träume in der Erzählung „Landschaften einer fernen Mutter" von SAID.* Grin: Mainz 2008, S. 14.

In Bezug auf diese Passage des Romans möchte ich noch eine weitere Überlegung anstellen. Während SAID und die Prostituierte auf dem Bett liegen, bemerkt die Hauptfigur Blutspuren im Bett und einen gelben Fleck, und nachdem er ängstlich seine Schamteile am Waschbecken gewaschen hat, verlässt er fluchtartig das Bordell. Können diese Zeichen der Unreinheit im Zusammenhang mit dem Bewusstsein der Immoralität des gerade Geschehenen und mit dem Ekel Autors vor sich selbst gelesen werden?

Auch im zweiten Traum scheint der Vater ziemlich rührselig und weinerlich. Diesmal spielt der Traum in Teheran, wo der Dichter eine kleine Wohnung mit einer Terrasse hat. Hier sitzen oft Tauben und der Schriftsteller stellt sich vor, mit einer Taube, die seinen Namen gurren kann, befreundet zu sein. Doch als der Vater eines Tages zu Besuch kommt, verlangt er mit wütender Stimme von dem Sohn, die Taube fortzujagen, weil sie dreckig sei und Krankheiten übertrage. Der Schriftsteller will nicht auf seinen Freund verzichten und bittet den Vater, ihm den Vogel zu erlauben, weil das Tier ihm eine Taubenpuppe als Geschenk versprochen hatte. Der Vater erlaubt ihm die Taube zu behalten und beginnt plötzlich zu weinen.

Der iranische politische Hintergrund ist hier klar zu erkennen und laut Gusatto spiegelt der Traum tatsächlich die Hoffnungen des Autors wider, gleich nach dem Sturz des Schahs 1979 in Teheran ein freies Leben führen zu können.[181] Es bleibt aber die Frage, wofür die Taube und die Taubenpuppe, die schließlich nur eine Illusion ist, stehen. Die Taube, die häufig in SAIDs Werken vorkommt, lässt sich als Symbol der Freiheit interpretieren[182] und da der Traum im diktatorisch regierten Teheran spielt, könnte man eben die vom Vater verweigerte Taube als Zeichen der dem Schriftsteller und allen Iranern versagten Freiheit sehen. Diese Überlegung wird dadurch gestützt, dass sich der Vogel am Ende des Traumes als Illusion erweist. Die angebotene Taubenpuppe hingegen lässt sich dann als Metapher eines Marionettendaseins in einer falschen Freiheit lesen, wie sie den in der Heimat verbliebenen Iranern aufgezwungen ist.

---

181  Ibid. S. 15.
182  SAID: *Der Engel und die Taube*. C.H. Beck: München 2008; siehe ebenfalls *Dieses Tier*, S. 67.

Sieht man darüber hinaus einerseits im Symbol der Taube die vom Autor in Deutschland erreichte Freiheit und andererseits im Vater, der dem Sohn schweren Herzens diese Freiheit nur weit weg von ihm erlaubt, eine Metapher für die Heimat, so verweist das Zusammentreffen dieser beiden Symbole im Traum auf das von dem Schriftsteller verspürte Gefühl der Zusammengehörigkeit und gleichzeitig der Zerrissenheit zwischen zwei Welten.

Die Kraftlosigkeit des Vaters wird auch im dritten Traum dargestellt, der ebenso stark durch die politischen Ereignisse geprägt ist. Wir befinden uns wieder in Teheran, wo der Autor am 21. März 1983, Tag des iranischen Frühlings- und Neujahrfestes, seine Tante besucht.[183] Unvermittelt konfrontiert sie SAID mit der Frage, ob er wisse, wie der Vater gestorben sei. Als er antwortet, er sei am Herzinfarkt gestorben, erzählt sie ihm weinend, tatsächlich habe er sich umgebracht, weil er den Druck des Geheimdienstes des Schahs nicht mehr aushalten konnte, den dieser wegen der Aktivitäten seines Sohnes im Ausland auf ihn ausübte. Der Schriftsteller will dies aber nicht glauben, und die Tante wird wütend.

Wie in den ersten zwei Träumen wird auch hier ganz deutlich ein schwacher Vater gezeigt, der den Selbstmord als einzige mögliche Lösung seiner Probleme anvisiert, statt die Kraft und den Mut aufzubringen, sich gegen die Regierung zu stellen. Alessandra Gusatto hebt in erster Linie SAIDs Schuldgefühle gegenüber seinem Vater hervor[184] – der Autor erwähnt im Roman häufig, wie schwer es für seinen Vater war, den einzigen Sohn im Ausland zu wissen, weit weg von ihm.[185]

Ein weiteres vom Autor ausgewähltes stilistisches Mittel ist die Erzählung der Träume sowie des Berichts über das Treffen in Toronto oder der Fakten der Vergangenheit ohne chronologische Reihenfolge. Der Schriftsteller geht also ganz spontan von der Erzählung des Treffens mit der Mutter zu den historisch-politischen Geschichten, zu den Erinnerungen an seinen Vater oder an seine Kindheit über, um dann wieder zu den in Toronto verbrachten Tagen zurückzukehren. Durch diesen Wechsel der

---

183    SAID gibt jedoch zwei Hinweise und zwar, dass die Tante seit Jahren in den USA lebte und er selbst seit 1979 nicht mehr in Teheran war.

184    Gusatto 2008, S. 18.

185    SAID 2003, S. 65–66; 96–97.

verschiedenen Geschichten und Zeiten, und teilweise auch der wechseln-
den Ich-Erzähler zwischen der Frau und SAID, gelingt es dem Autor in
bewundernswerter Weise, die Aufmerksamkeit des Lesers immer wach zu
halten, der dabei nie das Gefühl hat, den roten Faden der Erzählung zu
verlieren.

Der Wortschatz ist alltäglich, die Substantive und die ersten Buchstaben
nach der Interpunktion sind alle klein geschrieben, die Syntax ist einfach
und linear und die Kapitel, manche betitelt und manche nicht, bestehen
manchmal nur aus zwei oder drei Absätzen. Die Einfachheit des Erzählstils
aber ist nur scheinbar.

Dieser Eindruck wird gestützt durch die auffällige Häufung von
Satzzeichen, die das ausgeprägte Bedürfnis SAIDs widerspiegeln, viele
Pausen einzulegen und Momente langen Überlegens einzuschalten – ein
Beleg für die gequälten Seelenzustände des Autors, der sich in ständiger
Anspannung und Erregung bei der Erinnerung an die Mutter und an das
Treffen mit ihr befindet.

Der Leser merkt von Anfang an, dass echte Dialoge zwischen den beiden sehr selten und nach SAIDs Meinung nur auf unbedeutende Themen
beschränkt sind. Die Mutter fragt, ob er eine bekannte Fernsehserie kennt,
warum er keinen Fernseher hat, was er nach der Arbeit abends macht, was
Chomeini ihm persönlich angetan hat, ob die vielen Anrufe und die viele
Post, die er bekommt, auch Geld einbringen, warum er bei einer Freundin
schläft, ohne vor zu haben, sie zu heiraten usw.

Ein Austausch der Gedanken zwischen Mutter und Sohn, der auf
einem tiefen Interesse beruht und auf ein echtes Kennenlernen des Andern
zielt, findet nicht statt. Die Unterhaltungen sind eher lange Monologe der
Mutter, eine Annäherung zwischen den Beiden gibt es nicht. Auch in den
Erzählungen, die direkt SAID betreffen, behält die Mutter immer eine
gewisse Distanz bei. Sie spricht viel und kontrolliert: „wie ein soldat der
rapportiert",[186] zum Beispiel als sie von der Schwangerschaft oder von
seiner Geburt und den ersten Tagen danach erzählt. Immer spricht sie
von einer dritten Person bzw. von einem namenlosen Kind – ein weiterer
Beweis, dass die Mutter keine emotionale Nähe zu ihrem Sohn verspürt:

---

186  Ibid. S. 95.

[...], in wessen haus das kind zur welt kommen sollte. [...] dann kam das kind. nach der geburt habe ich das kind einmal in die arme genommen und gestreichelt. [...] ich sollte das kind unter der aufsicht einer nachbarin sehen.[187]

und weiter heißt es:

ich stillte das kind. das gefiel mir. und dem kind auch. als ich das kind aber noch sehen wollte, wurde ich abgewiesen. seine mutter hatte herausbekommen, dass ich das kind gestillt habe. sie hatte angst, das kind könnte sich an seine mutter gewöhnen. [...]. ich habe das kind nicht mehr gesehen.[188]

So wird spürbar, wie die Monologe der Mutter als Mittel dienen, ihr eigenes Verhalten in der Vergangenheit dem Sohn zu erklären und es vor ihm zu rechtfertigen. Allein darin scheint ihr Interesse zu bestehen.

Dennoch ist in ihm das Verlangen nach einer Mutter so stark, dass er sich von den seltenen liebevollen Gesten der Frau verwöhnen lässt. Er freut sich das Wort Mutter zu wiederholen, er stößt glücklich auf ihre Zukunft an und hört entzückt ihren Erzählungen zu. Der Roman zeigt aber die Zerbrechlichkeit der Beziehung, die trotz allem eine gewisse Gestalt zu gewinnen scheint. Schon während dieser Tage werden die Haltungen der Frau vom Dichter als doppeldeutig interpretiert, liebevolle und kalte Momente wechseln sich tatsächlich mit einem absoluten Abstand ab, der keine effektive Annäherung erlaubt.

So bricht der fiktive Dialog nach dem Aufenthalt in Kanada schließlich ganz ab – die Mutter wird den Briefen des Sohnes nie antworten, sie wird ihm nur und erst nach langer Zeit ein versprochenes Photo schicken. Erst Jahre nach dem Treffen verfasst der Autor, inzwischen maßlos enttäuscht, einen bitteren Epilog des Romans, in dem er seinen Fragen ein Ende macht: „ich werde nie ein sohn für dich. du nie eine mutter für mich"[189] und weiter liest man: „du bist keine liebende".[190] So gibt er das Werk, zehn Jahre nach dem Treffen, zur Veröffentlichung frei.

---

187  Ibid. S. 61.
188  Ibid. S. 62.
189  Ibid. S. 112.
190  Ibid. S. 115.

Hier ist es auch, wo der Schriftsteller die Liebe zu seiner Mutter mit der Liebe zu seiner Heimat vergleicht;[191] zwei Lieben, denen es gleichermaßen an Körperlichkeit fehlt, ohne die jede Liebe dahinwelkt. Die schon bei der Geburt erfolgte Trennung von der Mutter wird vom Autor mit seiner Trennung, seinem Fernsein vom Iran gleichgesetzt. So kann er behaupten, dass seine Mutter *quasi* sein erstes Exil bedeutet, dem die zwei anderen folgten: das Exil infolge des Schahregimes und das Exil infolge der Machtergreifung Chomeinis.[192] Ausgehend von dieser Feststellung gewinnt der Titel des Romans eine doppelte Symbolkraft. Einerseits verweist er auf die ferne mütterliche Figur, andererseits aber mit der Metapher der Landschaften auch auf die fernen und im Gedächtnis langsam verblassenden Erinnerungen des Vaterlands. Diese Interpretation wird weiter dadurch bestätigt, dass der Schriftsteller sich selbst wie ein Sohn ohne Mutter und ein Mann ohne Heimat sieht.

Der Aufbau des Romans *Landschaften* gliedert sich in drei Teile, die in etwa den drei verschiedenen Gemütskennzeichen entsprechen, die SAID vor, während und nach dem Treffen mit seiner Mutter empfindet.

Der erste Teil spielt teils im Flughafen München-Riem und teils im Flug nach Toronto, er stellt die organisatorische Phase der Reise dar und entspricht den großen Erwartungen und Ängsten des Schriftstellers bezüglich des Kennenlernens der Frau und der Hoffnung, zu ihr eine Beziehung aufbauen zu können. Diesen Teil des Romans kennzeichnen zahlreiche unbeantwortet bleibende Fragen, die die Züge von inneren Dialogen, von Monologen tragen, und die der Lyriker seiner Mutter stellen möchte. Darüber hinaus werden in diesem ersten Teil des Romans auch zwei der drei zitierten Träume erzählt. Weiterhin wird nicht nur geschildert, wie der Autor sich als Fremder in Deutschland fühlt und welche Erfahrungen er macht,[193] sondern wir bekommen auch Momentaufnahmen seines Exils in

---

191 In einer breiten Auseinandersetzung über die Fremdheit, die die Emigranten sowohl in der Fremde als auch in der Heimat tragen, betont Chiellino, dass die Heimat in den Werken der ausländischen Autoren häufig mit der Mutter identifiziert wird. Chiellino 1989, S. 21 und ff.

192 SAID 2003, S. 102.

193 So beschreibt er den bürokratischen Aufwand, der notwendig ist, um Reisdokumente zu erhalten, oder die Wartezeiten und Sonderkontrollen, denen er als Ausländer am Flughafen unterworfen ist. Ibid. S. 7–8, 21–22, 106–109.

Deutschland und seiner Rückkehr in den Iran nach 14 Jahren Abwesenheit in der Fremde. Dabei wird dem Leser eine starke Persönlichkeit präsentiert, die oft genug schwierige Phasen ihres Lebens mit Bravour gemeistert hat und mit schmerzhaften Erfahrungen konfrontiert wurde. Und doch, in Bezug auf das Treffen mit seiner Mutter erleben wir einen fragilen und ängstlichen Mann, der große Angst davor hat, beim ersehnten Aufbau eines Dialogs mit dieser Frau zu scheitern.[194]

Der zweite Teil von *Landschaften* spielt auf zwei verschiedenen Bühnen: in der Realität befindet sich der Autor in Toronto, die Erzählungen der Mutter aber versetzen ihn und die Leser nach Teheran, wo ihre Geschichten spielen und ihren geistigen Hintergrund haben. Dieser Teil, der auch den dritten Traum enthält, liefert die Beschreibung der drei Wochen, die SAID in Toronto verbracht hat, doch werden nur die ersten drei Tage ausführlich dargestellt. Hier kommt vor allem die Mutter zu Wort: die erste Ehe, die Schwierigkeiten mit der Verwandtschaft des Ehemannes, die zweite Ehe usw.

Schon bald nach dem herzlichen Empfang durch seinen Bruder Amir, noch auf den ersten Seiten des zweiten Teils des Romans, lässt ein Ausruf den Leser aufhorchen: „die erste rote ampel".[195] Diese rote Ampel, der die Beiden während der Fahrt vom Flughafen nach Hause begegnen, kann als Metapher des ersten Anzeichens von zukünftigen Ereignissen, die keinen positiven Ausgang haben werden, angesehen werden. Im weiteren Verlauf des Textes wird dem Leser klar, dass die erste rote Ampel ein Vorbote war, dem weitere warnende Vorzeichen folgen. So beispielsweise als die Mutter einige Passagen später SAID als erstes fragt, ob er eine Tasse Tee möchte, statt zu sagen wie froh sie sei, ihn endlich in ihre Arme schließen zu können. Eine weitere „rote Ampel" stellt das Verhalten der Mutter dar, als Amir nach dem Abendessen eine Flasche Whisky bringt, um auf das Wiedersehen anzustoßen, sie aber aus religiösen Gründen nicht daran teilnimmt, obwohl sie gleichzeitig gesteht, manchmal das Alkoholverbot zu ignorieren. Ein Beleg, so scheint es, dafür, dass der Mutter das Wiedersehen mit ihrem ersten Sohn nach langer Zeit

---

194  Das Wort Angst findet man diesbezüglich allein auf den Seiten 15–17 elf Mal.
195  Ibid. S. 35.

nicht bedeutsam genug ist, um dafür das Alkoholverbot zu brechen. Noch ein Zeichen der Interesselosigkeit der Mutter dem Sohn gegenüber findet sich, als der Schriftsteller ihr Teile seiner ins Persische übersetzten Werke schenkt. Der Autor berichtet, sie habe die Bücher wortlos genommen, ganz unten in den Koffer verstaut, dann den Koffer verschlossen und auch danach kein Wort mehr darüber gesprochen.[196]

Der dritte Teil von *Landschaften* ist *de facto* der Epilog des Romans und spielt wieder in München. Hier erzählt der Autor von den vielen Trennungen, die er im Jahr 2000, erlebt hat, und von der schmerzhaftesten, dem wahrscheinlich endgültigen Abschied von seiner Mutter. Ihm bleibt die bittere Erkenntnis, dass die Mutter für ihn jetzt und wahrscheinlich auch für alle Zukunft fern und unerreichbar bleiben wird.

Die zuvor erwähnte Dreigliedrigkeit spielt eine auffällige Rolle. Nicht nur, dass der Roman in drei Teile gegliedert ist, auch innerhalb des Textes finden wir viele Hinweise auf ein Dreierschema. Es beginnt mit den drei Hauptfiguren (SAID, die Mutter und der Vater), setzt sich fort in den durch viele Rückblicke miteinander verbundenen drei parallelen Geschichten, die erstens die Kindheit und Jugend des Dichters bis zu seinem Exil, zweitens die Geschichte seiner Eltern und drittens die Geschichte der iranischen Revolution und ihrer Folgen behandeln. Auch in der Videokassette der Hochzeit des dritten Sohnes der Frau, die genau 3 Stunden dauert, findet das Dreierschema noch nicht seinen Abschluss, denn der Vater des Autors hat drei Herzinfarkte gehabt, der Aufenthalt in Kanada dauert drei Wochen, im Roman werden die ersten drei Tage des Treffens und auch, wie gesagt, drei Träume des Autors erzählt. Die drei Teile des Romans entsprechen auch den drei für SAIDs Leben bedeutenden Städten, Ziele von drei Reisen. Toronto, Ziel der ersten Reise, ist die Stadt des Treffens mit der Mutter, also des Kennenlernens und gleichzeitig auch des Abschieds von ihr. Teheran ist die Geburtsstadt des Autors, der Ort der Kindheit, und hierher führt im Roman die fiktionale Reise der Erinnerungen. Die dritte Stadt, Ziel der dritten Reise, ist München, die Stadt der Wiedergeburt des Schriftstellers und seines Exils. Dabei gilt es zu beachten, dass nur die erste und dritte beschriebene Reise einen realen

---

196  Ibid. S. 80–81.

Hintergrund haben, die zweite hingegen, die nach Teheran, erfolgt nur als Wachrufen der Erinnerungen. Die erste Reise des Autors könnte zu Recht auch als Reise in die Zukunft, als Reise der Hoffnung betrachtet werden. Mit ihr beginnt der Roman. SAID macht sich vom Flughafen München-Riem aus voll sehnsuchtsvoller Träume auf den Weg nach Kanada, um endlich die Mutter kennen zu lernen. Die zweite Reise hingegen ist eine in die Vergangenheit, nach Teheran; es ist eine Reise ins Innere, die in Toronto ihren Anfang nimmt, als die Mutter ihrem Sohn von ihrem Leben erzählt. Der Autor beginnt sich dabei sehr intensiv an seine Kindheit und an seine frühen Leiden zu erinnern. Die dritte und letzte Reise ist wieder real: die Rückkehr des Schriftstellers nach München, die ihn gleichzeitig zu der Erkenntnis führt, nie eine Mutter gehabt zu haben, eine Reise ins endgültige Exil von der mütterlichen Liebe.

Die Liebe scheint also das Schlüsselwort des Romans, der voll von der Suche nach diesem Gefühl ist. So kann man den Roman, wie zu Anfang angedeutet, durchaus als Liebesroman lesen. Eine komplizierte Liebe wird hier geschildert, eine Liebe zu einer verlorenen Mutter, und dieser Verlust erweitert sich im Verlauf des Romans metaphorisch zum Verlust eines ganzen Vaterlands.[197] Erste elterliche Liebe, ihr Gelingen und ihr Scheitern, lässt sich so nach Claudia Kramatschek in Beziehung setzen zur Möglichkeit einer ersten Liebe zur Heimat, wie der Autor schreibt:[198] „diese lieben ähneln sich. beide ohne korpus, ohne den jede liebe verwelkt".[199] SAIDs Liebe der Mutter gegenüber findet aber schließlich keine Antwort.

Der Lyriker spricht aber nicht nur über die Liebe zu seiner Mutter, sondern auch über andere für ihn wichtige Menschen, denen er Freundschaft und Wertschätzung entgegenbringt, wodurch wir gleichzeitig einiges über die politischen Ereignisse im Iran erfahren. Da ist zum Beispiel Gholam, ein alter Kampfgefährte gegen den Schah, oder der brüderliche Freund Yahya, und die Schilderung dieser Beziehungen wird zum Mittel, um das zweite Hauptthema des Romans darzustellen: die Politik.

---

197   Essig 2001.
198   Vgl. Kramatschek, Claudia: „Buchbesprechung". *Börsenblatt für den Deutschen Buchhandel,* URL http://www.said.at/presse.html, Beitragsdatum 6.4.2001, letzter Zugriff 4.12.2013.
199   SAID 2003, S. 86.

Gerhard Zeillinger führt dazu an, dass *Landschaften* tatsächlich ein ebenso persönliches wie politisches Buch sei und die behandelten Themen dementsprechend sowohl dem Bereich der Gefühle wie auch dem der Politik zuzuordnen sind, die beide in dramatischer Weise auf SAIDs Leben einwirken.[200] Schon der Anfang des Romans ist politisch gefärbt: der Autor beginnt, als er sich noch im Flughafen München-Riem befindet, mit der Erzählung vom „Frühling der Freiheit" 1979 und wie daraus seine Entscheidung erwuchs, endgültig nach Deutschland ins Exil zurückzugehen. Auch im weiteren Verlauf des Textes bleiben die politischen Verhältnisse im Iran immer ein Thema, sei es als Hintergrund der Erzählung, sei es, dass der Autor explizit über Chomeini und die zahlreichen Hinrichtungen von oppositionellen Freunden und Bekannten berichtet. Man könnte fast sagen, dass in vielen Abschnitten die Politik der einzige Träger der Handlung ist. Der ständige Wechsel zwischen den Beschreibungen der politischen Realität auf der einen Seite und den Gefühlen von SAID als Exiliertem auf der anderen begleitet uns den ganzen Roman hindurch.

Am Rande taucht dabei immer wieder auch das Motiv des Abschieds auf, das eng mit der Auseinandersetzung mit der Politik verknüpft ist. Der Schriftsteller widmet dieser traurigen Erfahrung, die er in seinem Leben häufig aus politischen Gründen machen musste, den ganzen dritten und letzten Teil des Textes. Hier, im abschließenden Teil des Werkes mit dem Titel *epilog zu einer verlorenen mutter*, bündelt sich alle Dramatik von *Landschaften* und der Leser empfindet das tiefe Leid des Autors mit.

*epilog zu einer verlorenen mutter* ist eben nicht nur die Beschreibung des Abschieds von der Mutter, der im Jahr 2000 stattfindet, er scheint vielmehr eine kurze Zusammenfassung der wichtigsten Trennungen, die der Dichter 2000 vornimmt, wenn auch nicht freiwillig.

So wird dieses Jahr zum Wendejahr für ihn, zum Jahr der Abschiede und des endgültigen Abschlusses mit der Vergangenheit und mit einigen Menschen, die ihm in seinem Leben sehr viel bedeutet haben: seine Geliebte und auch andere, die ein Stück seiner Heimat darstellten, wie sein Onkel

---

200  Vgl. Zeillinger, Gerhard: „Buchbesprechung". *Der Standard*, URL http://www.said.at/presse.html, Beitragsdatum 2.6.2001, letzter Zugriff 15.1.2014.

Baba-Schazad, der iranische Lyriker Ahmad Schamlu, der gute alte Freund Yahya und schließlich seine Mutter. Sie sind alle Teile der Heimat, die er verloren hat. Im Epilog wird also ganz offensichtlich ein Schlussstrich unter das Treffen in Toronto, das von Jürgen Wertheimer als „seelischer Bankrott"[201] angesehen wird, unter das Thema Mutter und das Thema Heimat gezogen: „abschied von dir und von meinem land"[202] sagt der Autor dazu. Auch Baginski hebt hervor, wie dem Schriftsteller jetzt bewusst wird, dass sein erstes Exil in Wirklichkeit schon bei seiner Geburt angefangen hat, und dass er sich eigentlich als einen existentiell Fremden ansieht, ein Mann ohne Vaterland, ein Sohn ohne Mutter.[203]

Die Rolle der Mutter beschränkt sich im Roman aber nicht nur darauf, Ausgangpunkt für Überlegungen zur Funktion der Liebe, der Beziehungen und der Politik zu sein, vielmehr liefert sie dem Leser auch Anlass, sich mit dem Islam auseinander zu setzen.

So gibt die Beschreibung der täglichen Gewohnheiten der Frau dem Autor die Möglichkeit auch die religiösen Sitten und Gebräuche des Islams darzustellen und gleichzeitig versteht man SAIDs Stellungnahme gegen den islamischen Glauben, die jedoch zuweilen relativiert wird. Der Schriftsteller selbst ist kein Dogmatiker, er ist gegen alle dogmatisch strengen Religionen und daher bereitet es ihm ein gewisses Vergnügen, am Beispiel seiner Mutter zeigen zu können, wie islamischer Glaube aussieht, den der Mensch nach eigenem Gusto auslegt.

Die Mutter ist religiös und im täglichen Gebrauch verwendet sie viele religiöse Ausdrücke und Wendungen, dennoch kann sie nicht gerade als ein Musterbeispiel der Andacht und Frömmigkeit angesehen werden.[204] So gesteht sie zum Beispiel ganz offen, sie habe mit Gott ihre eigene Beziehung, die es ihr, da sie keine Frühaufsteherin ist, erlaube, die Morgengebete am Nachmittag zu verrichten. Auch das Alkoholverbot des Islams nimmt sie

---

201  Vgl. Wertheimer, Jürgen: „Laudatio auf SAID". *Akademie der schönen Künste* 16, 2002, S. 501–508, hier S. 507.
202  SAID 2003, S. 85.
203  Baginki 2004, S. 443.
204  SAID 2003, S. 42, 47, 68, 70.

nicht so ernst, und ebenso wenig das Gebot, einen Schleier zu tragen oder das Verbot, den Männern die Hand zu drücken usw.[205]

Wenn man davon ausgehen kann, dass SAID sich weder mit dem islamischen Glauben, noch mit irgendeiner anderen Religion identifiziert, und daher den sehr freien Umgang seiner Mutter mit religiösen Geboten und Verboten positiv würdigt, nimmt es um so mehr Wunder, wieso er im Epilog zu einer ganz anderen Haltung in dieser Frage zu kommen scheint. Im Roman liest man in Bezug auf die lässige Haltung seiner Mutter in religiösen Sachen: „das ist ein gutes omen. für uns", im Epilog hingegen kritisiert er heftig ihre Oberflächlichkeit und ihren Mangel an Leidenschaft und Dogmatik:

> wärest du zumindest dogmatisch, leidenschaftlich; hättest du wenigstens deinen glauben feurig verteidigt. aber nein, du bleibst nur eine mütterliche verkörperung jener schieberklasse in teheran, die immer recht hat [...]. die alles kauft und verkauft. ohne glauben [...] und ohne charisma.[206]

Es scheint, als ob der Schriftsteller – zumindest in *Landschaften* – zu religiösen Fragen keine entschiedene Position beziehen kann oder will. Die Mutter enthält in sich selbst so viele Widersprüche und ruft im Autor so viele verschiedene Gefühle hervor, dass es ihm schwerfällt, einen klaren und eindeutigen Standpunkt zu entwickeln.

Dieser Roman, der lange vermissten Mutter gewidmet, wird zum endgültigen Abschied von „[...] einer nie gekannten mutter".[207] Mit ihm geht die letzte Gelegenheit dahin, dass Mutter und Sohn sich kennen – und lieben lernen – trotz oder vielleicht gerade wegen der zu hohen Erwartungen, die der Autor zuerst in die Begegnung und dann auch in die Veröffentlichung des Romans setzte.

---

205  Ibid. S. 45, 42, 55, 74.
206  Ibid. S. 112.
207  Ibid. S. 12.

# Kapitel III: Die lyrische Produktion

## III.1 Hoffnung und Desillusion in der politischen Anschauung: *Wo ich sterbe ist meine Fremde* und *Dann schreie ich, bis Stille ist*

Auch in SAIDs breitem lyrischen Schaffen spielt die Politik, ebenso wie in seinen Prosatexten, eine wichtige Rolle. Sie ist Haupt- oder Nebenthema in fast allen seinen Gedichtsammlungen. Von diesen habe ich *Wo ich sterbe ist meine Fremde* und *Dann schreie ich, bis Stille ist* ausgewählt,[208] zwei Texte, an denen sich besonders gut die Auseinandersetzung des Autors mit den Themen Politik und Exil zeigen lässt, die für ihn verständlicherweise eng zusammengehören. Wiewohl also die Thematik in beiden Büchern annähernd die gleiche ist, wird sie doch vom Autor äußerst verschieden abgehandelt. Herrscht nämlich in dem Buch *Wo ich sterbe ist meine Fremde* vor allem in den ersten Gedichten ein leichter und versöhnlicher Ton vor, wenn der Autor von seiner am Anfang hoffnungsvollen Rückkehr in den Iran 1979 nach dem Sturz des Schahs von Persien erzählt, so findet sich in *Dann schreie ich, bis Stille ist* überhaupt keine Spur von Hoffnung und positivem Zukunftsglauben, da der Dichter, im Bewusstsein der Unmöglichkeit einer raschen Änderung der Lage in seiner Heimat, hier das einsame Leben in seinem zweiten deutschen Exil beschreibt.

*Wo ich sterbe ist meine Fremde* ist nach dem großen Publikumserfolg seiner Gedichtsammlung *Liebesgedichte* erst das zweite Werk, das er veröffentlicht hat. Auch hier gelingt es dem Dichter, die Seele des Lesers anzurühren und zu ergreifen, Erich Fried bezeichnet SAIDs Gedichtband als ein „erschütterndes Buch". Der österreichische Dichter, der sich bis zu seinem Tod 1988 nicht entschließen konnte, sein 1938 gewähltes Londoner Exil aufzugeben, dankte dem iranisch-deutschen Dichter für seine Texte mit einem eigens verfassten Antwortgedicht mit dem Titel „Fertig?".[209]

---

208 SAID 2000 und *Dann schreie ich, bis Stille ist*. Heliopolis: Tübingen 1990.

209 Das Gedicht von Erich Fried findet sich (ohne Quellennachweis) neben anderen Notizen in der Pressemappe zu *Wo ich sterbe ist meine Fremde* und *Liebesgedichte von SAID,* die mir freundlicherweise vom Verlag Peter Kirchheim zur Verfügung gestellt wurde.

SAID widmet sich hier bewusst einem ganz anderen Thema und schreibt, wie Kurt Scharf betont, ein „politisches Buch",[210] in dem er erstmals die politischen Ereignisse im Iran darstellt und die Unterdrückung, die dort herrscht, darstellt. Darauf erscheinen in schneller Folge mehrere Texte, die sich der Politik widmen. Diese ist bei ihm, wie schon bemerkt, untrennbar mit dem Thema Exil verbunden. Darauf weist, wenn auch in verklausulierter Form, schon der Titel der Gedichtsammlung hin: *Wo ich sterbe ist meine Fremde.*[211] Wie SAID in einem Interview mit Carmine Chiellino erklärt, habe er das Wort Fremde statt Exil bewusst gewählt, weil Exil nur eine spezielle Form von Fremde sei.[212] Er sieht den Unterschied darin, dass ein Exilierter, der nicht mehr nach Hause zurückkehren dürfe, ganz andere Emotionen gegenüber seinem Land entwickele als einer, der zwar in der Fremde lebt, aber zu jeder Zeit seine Heimat besuchen kann. Während also Exil eher politisch definiert ist, stellt Fremde *quasi* den Oberbegriff dar, und die Spannung zwischen beiden ist für den Schriftsteller stark gefühlsbesetzt.

Die Fremde bzw. das Exil ist das Schlüsselwort für die ganze Gedichtsammlung. Er, SAID, kommt, wie er selbst sagt, aus den 5111 Nächten Exil, erlebt sieben Wochen lang seine Heimat Iran und begibt sich dann zum zweiten Mal und endgültig ins deutsche Exil. Nach seiner Rückkehr nach Deutschland gesteht der iranische Autor seinem Interviewpartner Chiellino, dass er längere Zeit gebraucht habe, um mit dem Leid und der Enttäuschung fertig zu werden, dass er nicht „zu Hause" habe bleiben können.[213] Erst nach zwei Jahren sei es ihm gelungen, die Notizen, die er während seines siebenwöchigen Aufenthalts in Teheran gemacht hatte, zu einem Buch zu verarbeiten. Die Zeitungen, die er von damals aufbewahrt hatte, waren ihm dabei eine wertvolle Hilfe, ebenso wie die Briefe an seine Freunde, die er für diesen Zweck verwenden durfte.

*Wo ich sterbe* hat die Form einer Gedichtsammlung, doch ähnelt das Buch inhaltlich vielmehr einem Reisebericht. Darin beschreibt der Autor genau seine Eindrücke und Empfindungen bei der Rückkehr nach Teheran

---

210  Scharf 2005/2006, S. 55.
211  Im Folgenden zitiert als *Wo ich sterbe.*
212  Chiellino 1988, S. 85ff.
213  Ibid. S. 84.

und der erneuten Abreise aus dem Iran, und welche Gedanken ihn dabei überkommen. Er entdeckt vieles wieder, was ihn an seine Jugend erinnert: Gegenstände, Gerüche und Farben des iranischen Lebens, und doch muss er feststellen, dass ihm seine einstige Heimat zur Fremde geworden ist und der hoffnungsvolle Gedanke an eine Zukunft im Iran erlischt schnell. Der Dichter liefert in diesem schmalen Werk eine detaillierte Beschreibung aller Etappen seiner Reise nach Hause nach einer langen Zeit der Abwesenheit. Die Vielzahl der Eindrücke reicht von der Hoffnung, wieder in Teheran leben zu können, bis hin zu der Erkenntnis, wieder weggehen zu müssen. Auslöser dafür ist der erneute Terror, der diesmal von fanatischen islamischen Revolutionären verbreitet wird. Thomas Baginski zeigt sich berührt von den lyrischen Bildern, mit denen SAID seine euphorische Stimmung beschreibt, die ihn ergreift, als er nach Jahren seine Geburtstadt, seine „Jugendliebe",[214] wie er Teheran nennt, wieder sieht.[215] Doch ebenso eindrucksvoll gelingt es dem Autor, seine Abscheu über das neue Regime unter Ayatollah Chomeini auszudrücken, das gewalttätig gegen Frauen, Andersdenkende, Andersgläubige und eine „verwestlichte" Kultur vorgeht. So sind diese Gedichte ein erschütterndes Zeugnis eines Exilierten, aller Exilierten, denen es unmöglich gemacht wird, angesichts des Unrechts in ihrer Heimat dorthin zurück zu kehren. Der Autor kleidet in dichterische Worte, was ihn existentiell ergreift und zwar, dass er aus seiner Heimat ausgesperrt ist, weil er, wie Baginski meint, nach einem Zuhause sucht, das kein Zuhause mehr ist.[216]

Die einfache und doch detaillierte Schilderung der Rückkehr nach Teheran ist besonders beeindruckend.[217] Der Schriftsteller verzichtet auf alles Überflüssige und Überschwängliche in der Darstellung seiner Heimkehr, da die wunderschöne Intensität des Werkes vielmehr von den vielen Überraschungen und Emotionen bei der Beschreibung des alltäglich Erlebten lebt, so wenn es zum Beispiel heißt: „Geliebte,/ hier hat jede Straße ihren Geruch,/ jede Gasse ihre Geräusche./ Zum Essen kommt unverlangt ein Glas Wasser, und die Gossen stinken." oder:

---

214  SAID 2000, S. 68.
215  Baginski 2001, S. 25.
216  Baginski 2004, S. 444.
217  Rouby 2006, S. 3.

Die Haustür ist offen
und der Gang ganz dunkel.
Meine verwestlichte Hand
findet keinen Schalter
links neben der Tür.[218]

Und an anderer Stelle sind es die kleinen intimen Regungen und Begebenheiten, die den Leser anrühren: „Wie gütig/ die Passanten sind -/ sie sprechen Persisch!" und weiter „Welch eine Freude!/ Hier schreibt man meinen Namen,/ ohne daß ich ihn buchstabieren muß".[219]

Die erste Ausgabe von *Wo ich sterbe*[220] enthielt ein Vorwort der Schriftstellerin Luise Rinser, einer Freundin SAIDs, die mit ihm in Teheran war und miterlebte, wie er von seinen Empfindungen hin- und hergerissen wurde. Dieses Vorwort wurde aber in den folgenden Auflagen und beim Wechsel des Verlages nicht beibehalten. Der Grund dafür ist weder mir noch dem Autor selbst bekannt. Dagegen ist Jean Amérys dem Werk vorangestelltes Diktum von der ersten bis zur von mir verwendeten fünften und (bislang) letzten Auflage beibehalten worden. Es scheint, dass der Schriftsteller eine gewisse Nähe zu dem deutsch-belgischen Autor verspürt, denn der Satz dient sogar als Motto des ganzen Werkes:

Wer das Exil kennt, hat manche Lebensantworten erlernt,
und noch mehr Lebensfragen.
Zu den Antworten gehört die zunächst triviale Erkenntnis,
dass es keine Rückkehr gibt, weil niemals der Wiedereintritt in einen Raum
auch ein Wiedergewinn der verlorenen Zeit ist.[221]

---

218 SAID 2000, S. 22, 24. In Iran findet man die Lichtschalter, anders als in Deutschland, mal rechts, mal links von der Tür, gelegentlich auch überhaupt nicht.

219 Ibid. S. 18, 21.

220 Die erste Auflage des Buches *Wo ich sterbe* erschien 1983 im Rita Fischer Verlag in Frankfurt am Main. 1986 erfolgte die Neuauflage des Werkes ebenfalls im Fischer Verlag, während die folgenden Auflagen im Peter Kirchheim Verlag heraus kommen. Die dritte Auflage von 1987 trägt den Titel *Wo ich sterbe ist meine Fremde. Exil und Liebe; Gedichte und ein Gespräch mit Gino Chiellino* und 1994 *Wo ich sterbe ist meine Fremde. Gedichte.* Die fünfte Auflage, 2000, erschien wiederum mit dem ursprünglichen Titel *Wo ich sterbe ist meine Fremde.*

221 Ibidem.

Einige Ähnlichkeiten zwischen Jean Amérys und SAIDs Biographie lassen sich feststellen. Beide sind nicht nur Exilautoren und zwischen zwei Ländern beheimatet, ihnen ist auch gemeinsam, in zwei Sprachen zu schreiben. So machte Jean Améry die Vornotizen zu seinen Texten auf Französisch, die Sprache, die er als Muttersprache gewählt hatte, um sich von der deutschen nationalsozialistischen Kultur zu distanzieren, und veröffentlichte dann auf Deutsch, der ihm fremd gewordenen Sprache. Ähnlich hält es SAID, der seit Beginn seiner schriftstellerischen Laufbahn seine Notizen auf Persisch, seiner Muttersprache, verfertigt, die endgültigen Texte dann aber in Deutsch, der ihm fremden Sprache, niederschreibt.[222]

Die Gedichtsammlung besteht aus 75 Gedichten, von denen die meisten keinen Titel tragen. Sie sind unterschiedlich lang und gehören verschiedenen Typologien an, wie unten erläutert wird. Fast alle sind für ein- und dieselbe Frau geschrieben, die Freundin, der auch die Lyriksammlung *Liebesgedichte* gewidmet ist, wie wir vom Dichter selbst erfahren.[223] Anders als in *Liebesgedichte* wird aber hier der Name der Geliebten nie erwähnt und, obwohl sie ständig in seinen Gedanken anwesend ist, wendet sich der Autor nur in acht Gedichten direkt an sie mit der Eingangsformulierung: „Geliebte, [...]".[224] Obwohl hier der Schwerpunkt ausschließlich auf der Politik liegt, lässt sich deutlich eine Verbindung zu der ersten Gedichtsammlung SAIDs herstellen: es ist der rote Faden der Liebe, der sie verbindet. *Wo ich sterbe* kann man wie *Liebesgedichte* als eine Art Liebeserklärung des Dichters betrachten, hier aber nicht an eine Geliebte gerichtet, sondern an ein Land, das Vaterland, auch wenn es nicht mehr so existiert, wie er es einst gekannt hat. Diese Liebeserklärung kommt 1987 im Titel der ersten Auflage des Werkes beim Verlag Peter Kirchheim deutlich zum Ausdruck: *Wo ich sterbe ist meine Fremde. Exil und Liebe. Gedichte* – Exil und Liebe gehören für SAID untrennbar zusammen.

---

222 Was den Anfang seiner schriftstellerischen Laufbahn betrifft siehe Chiellino 1988, S. 83. Auch heutzutage macht SAID die Vornotizen zu seinen Texten oft auf Persisch, wie er mir in einer privaten E-Mail vom 6.6.2014 mitteilte.
223 Chiellino 1988, S. 85.
224 SAID 2000, S. 22, 28, 43, 49, 55, 62, 68. Unter diesen gleichen anfänglichen Formulierungen gibt es nur eine Variation, und zwar: „Seltsam, Geliebte/ [...]". S. 39.

Innerhalb der Sammlung finden sich die vielfältigsten stilistischen Formen. So erscheinen einige Gedichte eher als kleine Prosa, wie zum Beispiel zwei Texte, die etwa in der Mitte des Bandes stehen und auf kurze Zeitungsausschnitte verweisen, die um sehr knappe lyrische Verse ergänzt werden:

> Suchanzeige in einer Teheraner Tageszeitung vom 11. April 1979:
> »Mein Bruder, obiges Bild, ist 1953 nach einer Demonstration verschwunden. Bitte um Nachricht von ihm.«
>
> Die Revolution
> erleichtert das Weinen.[225]

und weiter:

> Eine Tageszeitung veröffentlicht die Liste der verbotenen Wörter für Lyrik unter dem Schah-Regime: Rosen, Freunde, Gefängnis, Genossen, Blut, Nacht, [...], Offizier, Polizist, Knüppel, Wache, Anemone, [...], Freiheit, [...]
>
> Unverständlich nur
> die Angst der Machthaber
> vor Anemonen.[226]

Auffällig ist schließlich, dass einige Texte in dieser Sammlung eher wie undatierte Tagebuchnotizen, Aufzeichnungen von Erinnerungen und Gedanken denn als echte Gedichte wirken. Beispielhaft seien hier genannt: *Am Anfang*: „Exil./ Ich und das Flugzeug./ Einsteigen. Sitzen. Anschnallen. Auffliegen." oder auch *II. Empfang*: „Paßkontrolle./ Ein Zeigefinger/sucht in einem Buch mit vielen Namen./ [...]./ Das Dröhnen eines Stempels/ behauptet:/ Ich bin kein Fremder mehr" und ebenso das Gedicht *Die letzte Nacht*: „Im Bett liegen und/ daran denken müssen,/ dass Wiedersehen traurig macht".[227]

Die ersten Texte der Sammlung und zwar bis zum Gedicht mit dem Titel *III. Empfang* handeln von den glücklichen Momenten der Heimkehr nach Teheran – während der Flugreise und auch noch während der Abfertigung am Flughafen inklusive Zollkontrolle und Wartezeiten – und haben einen hoffnungsvollen Ton. Mit dem Gedicht *Auf die Straße getreten (um 5 Uhr in der Früh)* wird die Erfahrung endlich „wieder zu Hause" geschildert:

---

225  Ibid. S. 37.
226  Ibid. S. 41.
227  Ibid. S. 9, 15, 71.

Beobachtung der Stadt, Suche nach den in Erinnerung behaltenen Eindrücken aus der Jugend. SAID hat nur Augen für Teheran und lässt den Leser an seinem Glücksgefühl teilhaben. Gefühle der Empathie und Anteilnahme, die dem Autor selbst unglaublich scheinen und ihn tief berühren, herrschen in den ersten zwei Teilen des Gedichtbandes vor. Er ist in Teheran und kann es noch gar nicht fassen: „Teheran,/ flüstern meine ungläubige Lippen" und weiter: „Meine Augen brauchen Zeit,/ um sich zu erinnern,/ um sich zu vergewissern".[228] Die Solidarität, die er unter seinen Mitbürgern erlebt und immer wieder erfährt, beeindruckt ihn sehr: „Ein Soldat,/ [...]/ salutiert mir/ und zwinkert mit einem Auge./ Dieses Auge kennt/ die Tränen der Heimkehrer -/ schlecht geweint und geschützt". Ebenso ein Taxifahrer, der drei Jahre wegen seines Widerstands gegen die politischen Machthaber in Haft war und das Geld vom Schriftsteller ablehnt: „Nun kommst du nach so vielen Jahren,/ und ich nehme Geld von dir?".[229]

Auf diese glücklichen Momente folgt die Ernüchterung. Beginnend mit dem unbetitelten Gedicht „Vor dem Außenministerium", richtet SAID sein Augenmerk auf die Politik der neuen Regierung und sein Optimismus schwindet zusehends. Je mehr er sich der tatsächlichen Lage unter der neuen iranischen Führung bewusst wird, um so mehr vermindert sich auch seine anfängliche positive Laune und die Stimmung in seinen Gedichten wird härter. Er gerät zunächst in einen Zustand der Verwirrung. Ein guter Beleg für diese Unsicherheit, die ihn ergriffen hat, sind zwei aufeinander folgende Gedichte. Im ersten Gedicht erkennt er keine Änderung, die Berge, die seiner Heimat ihr Gepräge geben, scheinen dieselben, als sei die Zeit nicht vergangen:

Ausflug mit einem Freund, der nie im Ausland war

Ja,
diese Berge sind schön und kahl,
meinst du,
und dann gehst du wieder
und kommst nach vielen Jahren
und die Berge sind
immer schön und kahl.[230]

---

228   Ibid. S. 10, 19.
229   Ibid. S. 14, 23.
230   Ibid. S. 66.

Das zweite Gedichte zeigt jedoch die Unstimmigkeiten deutlich auf, die SAID bewusst geworden sind – sein Teheran ist jetzt ein anderes:

Was ist geschehen mit meiner Stadt?

Der Flieder duftet
nicht wie früher.
Früher gingen die Menschen
einfach langsamer.
Und die Tauben -
sie sitzen nicht mehr auf dem Gehsteig.[231]

Während sich der Autor in seinem ersten Gedicht den Bergen zuwendet, die für ihn das immer gleiche Land Iran symbolisieren, konzentriert er sich im zweiten Text auf die Betrachtung seiner Stadt Teheran, wo ihm alles anders geworden zu sein scheint. Er hält sich bei den kleinen Dingen auf, wie den Blumen, die nicht mehr so schön duften wie in der Vergangenheit, aber auch beim Alltag seiner Landsleute, die heutzutage immer in Eile und ständig mit ihren eigenen Dingen beschäftigt sind. Auch die Tauben halten sich nicht mehr auf dem Bürgersteig auf, um sich eine Weile zu erholen, das aufgeregte Kommen und Gehen der Passanten mag ihnen keine noch so kurze Pause auf dem Boden erlauben.

Alles ist anders und zwar schlechter: das alte vertraute Teheran ist der Dynamik einer modernen Stadt gewichen, in der der Autor die bedächtige, friedvolle und ruhige Zeit seiner Jugend nicht mehr wieder findet.

Die Verwirrung des Autors ist aber von kurzer Dauer und macht bald einer gründlichen Desillusionierung Platz. Seine Enttäuschung ist so groß und er schätzt die zukünftigen Perspektiven als so düster ein, dass er den Entschluss fasst, wieder ins Exil zu gehen. Bemerkenswert ist die Reaktion seiner Mitbürger auf seine Entscheidung: er wird von ihnen wieder als Fremder betrachtet und fragt sich deswegen: „[…]/ Sind wir -/ die Heimkehrer -/ eine eigene Rasse geworden?".[232]

Die Gedichtsammlung schließt mit der Schilderung der Reisevorbereitungen und des Heimatverlustes. Der Schriftsteller beschreibt ganz kurz die letzte Nacht in Teheran, die Fahrt zum Flughafen und seinen Koffer voller für ihn wertloser Souvenirs, die er sorgfältig für die deutschen Freunde

---

231  Ibid. S. 67.
232  Ibid. S. 71.

ausgesucht hat, damit die Geschenke beim Auspacken das Heimweh des Autors nicht erwecken können. Der Abschied und die letzten Blicke aus dem Flugzeug verleihen diesem Moment eine dramatische und zugleich melancholische Note, die hoffungsvolle Rückkehr in den Iran hat sich als eine schmerzhafte Illusion erwiesen. Um wieder frei atmen zu können, bleibt SAID nur eine letzte (und einzig mögliche) Chance, nämlich ein Leben im Gastland, im weiten fremden Deutschland.

1990 erscheint *Dann schreie ich, bis Stille ist*, erneut eine Gedichtsammlung, die Themen der iranischen Politik und das damit zusammenhängende Exil des Autors behandelt. Noch einmal thematisiert SAID hier in lyrischer Form die Entwurzelung aus der Heimatkultur und das Nicht-Heimisch-Werden-Können in einer fremden Kultur. Thomas Baginski bezeichnet den Band als perfekte Allegorie des ohnmächtigen Leidens am Exildasein. Fast alle Gedichte beschäftigen sich mit dem Zustand und mit der Wahrnehmung der Exilierten, die sich als isoliert in einer ihnen fremden Gesellschaft empfinden, die eine ungesicherte Zwischenposition einnehmen, so dass sie nirgendwo dazu gehören.[233]

Der dem Freund Jakele gewidmete Band enthält 62 Gedichte, die zwischen 1975 und 1980 entstanden sind, und ein Nachwort.

Die in Standardorthographie verfassten Gedichte sind von unterschiedlicher Länge, doch allesamt ziemlich kurz und weisen dabei mannigfaltige Strukturen auf. So sind viele Gedichte von verschiedener Verslänge, viele Texte tragen keine Überschrift, manche beginnen mit Zitaten, andere sind datiert wie die Seiten eines Tagebuchs, und ein Gedicht ist gleichzeitig mit Titel und Datum versehen und verweist dazu noch deutlich auf einen Zeitungsartikel. Einige Texte sind bestimmten, namentlich genannten Personen gewidmet, eine Widmung begnügt sich mit den Initialen K. N. Diesen Initialen begegnet man im Übrigen auch in der Widmung eines Gedichts der Sammlung *Liebesgedichte*, woraus zu schließen ist, dass die dahinter stehende Person SAID sehr wichtig ist.

Auch das Nachwort verdient besondere Beachtung. Es ist, auffällig genug, nicht in gewöhnlicher Prosa sondern in Versform geschrieben und gibt im Wesentlichen SAIDs Rede wieder, die er 1988 beim literarischen

---

233  Baginski 2001, S. 28, 31.

Symposium der Evangelischen Akademie Tutzing zum Thema „Sprache und Diktatur" gehalten hat. Die gleiche Rede ist auch in *Der lange Arm*[234] enthalten. Sie handelt von der schwierigen Lage der Exilanten, die denken und fühlen, aber nicht mehr handeln können. Es geht hier also um das immer wiederkehrende Motiv des lautlosen Schreiens im Exil, das so auch als Motto für die ganze Gedichtsammlung dienen mag. So ließe sich das Nachwort ebenso gut als Vorwort verwenden, führt es doch zielsicher in Inhalt und Intention der Gedichtsammlung ein. Bedeutsam scheint auch, dass der Autor sein Nachwort mit einem kurzen Zitat von Reiner Kunze beginnt. Der Schriftsteller der damaligen DDR lädt zum Schweigen ein, eigentlich ein Paradox für einen Dichter, doch SAID betont in seinem lyrischen Nachwort, dass die Dichter, die die Diktatur erlebt haben, Sprechen wie Schweigen als Waffe anwenden mussten, um nicht erpressbar zu werden. Darüber hinaus verweist schon der Titel der Sammlung *Dann schreie ich, bis Stille ist* auf diesen ständigen und notwendigen Wechsel zwischen sprechen oder sogar schreien und still sein: „Wahrlich grotesk,/ aber Schweigen gehört zu den Dichtern,/ seit es Diktatoren gibt./ […]/ Wir müssen also tänzeln/ zwischen Sprache und Schweigen".[235] Diesem Wechsel zwischen schreien und still sein ist in der vorliegenden Sammlung eigens ein Gedicht gewidmet:

Manchmal schließe ich meine
Augen
Mitten im Leben
und denke, ich schreie,
bis mich eine umarmt.
Dann schreie ich,
bis Stille ist,
und öffne meine Augen
zur Welt.[236]

Der Dichter muss also das Sprechen und das Schweigen beherrschen und SAID hat, wie er selbst betont, das Alphabet des Schweigens unter zwei ganz verschiedenen Diktaturen gründlich gelernt. Das Wort als kollektives

---

234  SAID 2001, S. 82–85.
235  SAID 1990, S. 71.
236  Ibid. S. 28.

Gedächtnis der Zeit, als kollektive Waffe gegen die Diktatur ist zwar un-
entbehrlich – auch wenn viele Wörter, wie Freunde, Freiheit, Revolution,
Gefängnis, Blut in der Lyrik durch den Schah von Persien verboten wurden[237] –
doch ebenso relevant ist das Schweigen und das nie Aufhören, in die Stille
hinein zu horchen als Waffe gegen eine autoritäre Politik. Der Autor ist fest
davon überzeugt, dass man Stille und Zeit braucht, um Kraft zu schöpfen, um
im Kampf gegen den Terror noch widerstandsfähiger zu werden.[238]

Im Exil hat man eher zu viel Zeit zum Schweigen, da der Heimatlose
von Erinnerungen und Träumen lebt und Einsamkeit sein ständiger Begleiter
ist, wie das folgende Gedicht „Im Exil" beispielhaft für viele andere der
Gedichtsammlung zeigt. Erinnerungen kommen hoch und erfüllen sein
Herz mit Traurigkeit, Angst vor der Zukunft schnürt ihm die Kehle zu, einsam lebt er in der Fremde, voll Furcht, etwas Falsches zu sagen oder zu tun.
Er ist allein auf sich gestellt und nur manchmal keimt Hoffnung in ihm auf.
Diese Situation des Heimatlosen, die SAID in seiner Gedichtsammlung the-
matisiert, wird in dem folgenden Gedicht „Im Exil" treffend beschrieben:

Im Exil

Wie ein Goldfisch
im klaren Glas
mit trübem Wasser
spiele ich blaues Mittelmeer
und pflege meinen Hechtkult.
Manchmal nur
küsse ich den Wasserspiegel
und behaupte,
daß ich lebe.[239]

Die neun Verse dieses mit einem expliziten Titel versehenen Gedichtes
umfassen jeweils nur zwei bis maximal vier Wörter. Die ersten drei Verse
und der letzte weisen die gleiche Anzahl an Wörtern auf, ebenso die Verse
vier, fünf und sieben, und schließlich auch die Verse sechs und acht. Das

---

237  SAID erzählt, wie der Geheimdienst in kurzer Zeit eine Liste von Wörtern
     zusammenstellte, die an die Taten des Diktators erinnern und deswegen sofort
     verboten werden sollten. Diese Liste, in der auch Wörter wie Genossen, Offizier,
     Polizist vorkamen, wurde gleich in einer Tageszeitung veröffentlicht. Ibid. S. 73.
238  Ibid. S. 72.
239  Ibid. S. 14.

einzige Satzzeichen in der Mitte des Textes dient als Spaltung, der Punkt markiert nämlich eine präzise Trennung zwischen den zwei Teilen des Gedichts. Beschreibt der erste Teil eine traurige Existenz, die an einem engen und unreinen Platz ihr Dasein fristet, so scheint der letzte Teil mildere Töne zu finden – ein Eindruck, der durch die Wahl des Schlüsselwortes am Ende des Gedichts verstärkt wird: „ich lebe".

Das schon im Titel des Gedichtes angesprochene Exil des Autors wird dann durch Bilder und Metaphern weiter ausgeführt, wie es bei SAID üblich ist. Im Goldfisch, der nur im ersten Teil des Gedichtes vorkommt, lässt sich unschwer der Dichter selbst erkennen. Er erinnert zudem an den Fisch des Romans *parlando* wenn auch mit einigen Unterschieden. Der Goldfisch des Prosatextes fristet, obwohl er am Ende von seinem Herrn aufgefressen wird, ein glücklicheres Dasein als der Fisch des Gedichtes, weil er im großen Teich eines gepflegten Gartens schwimmen kann. Der Goldfisch der Gedichtsammlung ist hingegen in seinen Bewegungen einge-schränkt, er lebt in einem durchsichtigen Glas, und auch das trübe Wasser des dritten Verses hellt den Gemütszustand von Fisch und Autor nicht gerade auf.

Die Metapher von der traurigen Existenz eines in einem Glas mit trübem Wasser gefangenen Goldfisches, der vom Mittelmeer träumt, verweist deutlich auf den Autor selbst, aber auch das Glas ist mit der neuen Heimat des Dichters, Deutschland, gleich zu setzen. Dieses Land, SAIDs Gastland, wird nicht als „angenehm" wahrgenommen, es trägt eher die Züge eines Gefängnisses, in dem sich der Dichter wie sein Fisch nicht frei bewegen kann. Und in der Tat fühlte sich der Autor, als diese Verse geschrieben wurden, in Deutschland noch nicht integriert, er hatte den Eindruck, abgelehnt und ausgestoßen von der Gesellschaft zu leben, wie Nima Mina schreibt.[240] Es war, so könnte man wegen des Hinweises auf den Hechtkult im fünften Vers meinen, ein Leben in banger Erwartung und Furcht, von einem gierigen, räuberischen Hecht wenn nicht gefressen, so doch bestän-dig hin- und her gejagt zu werden, wie das im Deutschen geläufige Bild vom „Hecht im Karpfenteich" suggeriert. Es verweist auf die Angst und Unruhe der Karpfen – zu deren Fischgattung ja auch der kleine Goldfisch

---

240  Mina 1999, S. 114.

gehört – wenn sie mit einem Hecht im selben Teich schwimmen müssen. Doch auch das Bild vom „tollen Hecht" drängt sich hier auf, der man nur allzu gern selbst sein möchte. Folgt man diesem Gedankengang, so kann man die Zeile „und pflege meinen Hechtkult" als Bewunderung eines stärkeren Wesens interpretieren, vor dem man entweder Angst hat oder dem man ähnlich werden möchte. Wie dem auch sei, dem Exilierten wird der „Hechtkult" abverlangt, er muss ihn pflegen, will er nicht zum Versager in diesem ihm fremden Teich werden.

Der Autor fühlt sich in einem engen, schmutzigen Ort eingeschlossen, der an die erste Periode des deutschen Exils erinnert, und tröstet sich nur dank seiner Einbildungskraft, die ihm ein Leben im Mittelmeer vortäuscht. Das Mittelmeer verweist auf warme Gegenden, „warme" Landschaften, die für SAIDs Heimat stehen.

Bei der Lektüre des ganzen Gedichtes entsteht eine Zweiteilung, bis zur Interpunktion gewinnt der Leser den Eindruck, dass der Dichter ihn an seinem unglücklichen und einsamen Leben teilhaben lassen will. Ein Leben, das aus Erinnerungen an die Vergangenheit und trüben Aussichten für die Zukunft besteht. Doch mit den letzten vier Versen ändert sich plötzlich das Bild und das neue Leben kommt ins Spiel. Der Fisch-Dichter, bleibt zwar noch im Wasser, aber indem er die Oberfläche erreicht und küsst, weckt er in sich selbst die Lust zu leben, sich frei zu fühlen. Dies geschähe allerdings nur „Manchmal", wie der sechste Vers deutlich macht, ein resignatives Geständnis des Autors, dass er das schöne Gefühl, lebendig zu sein, nur selten gewinnt.

Auch das 8. Gedicht handelt von der Trennung und der Traurigkeit der heimatlosen Exilierten: „Am Ende dieser langen Straße/ steht sie,/ die Einsamkeit" und weiter im „Brief eines Emigranten": „Ich krieche mühsam hierher,/ [...]/ und werde nicht benötigt".[241] Daneben finden wir in anderen Gedichten das Motiv des ewigen Wanderers: „Die Narbenträger marschieren voran" oder „Längst ist der Wanderer/ [...]/ entschwunden".[242] Der Wanderer ist bei SAID ständig in Bewegung, vorwärts, auf einer langen Reise in eine glückliche Zukunft. Doch er schaut immer auch hinter sich, sein Blick ist in die Vergangenheit gerichtet und seine Sehnsucht gilt dem

---

241  SAID 1990, S. 16, 18.
242  Ibid. S. 63, 9.

verlassenen Vaterland. Dieses Zwischenstadium macht für ihn das Exil aus, der Exilierte befindet sich in einer Situation des Übergangs, die sich, oft ohne sein bewusstes Zutun, langsam entwickelt, ohne dass er weiß, wohin alles führen wird. Diese ihm sehr vertraute Spannung zwischen Gastland und Vaterland stellt der Dichter in einem Gedicht der Sammlung mit der Metapher des Schwebezustandes und dem Bild der Luftmenschen treffend dar: „Was übriggeblieben ist,/ [...]/ Luftmenschen-/ in ewiger Schwebe,/ mit skalpierten Seelen,/ noch auf irgendwelchen Krücken/ wohin marschierend".[243]

Immerhin ist der Heimatlose frei, lebendig, nicht mehr durch politischen Terror erpresst oder mit dem Tode bedroht, und der Schriftsteller vergisst nie, die positiven Eigenschaften des Gastlandes und die Bedeutung der in Deutschland erhaltenen Freiheit hervorzuheben. Hierfür stehen zwei unbetitelte Gedichte, das 25. und das 48. So lässt sich Text 48 durchaus als ein Lob auf die neue Heimat lesen, die schön, angenehm und unbefleckt ist: „Blätter/ fallen einzeln/ auf diese säuberlich aufgeklarte Erde./ [...]/ Der Herbst/ lang und unbefleckt"[244] und noch deutlicher wird das Lob der Freiheit im 25. Gedicht dargestellt. Hier lässt der Dichter einen Nachtfalter auffliegen, der in seiner Tasche versteckt war, und er bekennt plötzlich: „Sein Flügelschlag/ überzeugt mich/ vom Dasein/ der Freiheit".[245]

## III.2  Die Liebe in Versen: *Liebesgedichte von SAID*

Ein erstes Zeugnis seines lyrischen Schaffens legt SAID im Jahre 1981 mit dem Gedichtband *Liebesgedichte von SAID* vor, der inzwischen mehrmals neu aufgelegt wurde.[246] Es handelt sich um ein sehr schmales Buch von 24 poetischen Texten voller Intensität und Dichte, deren Hauptthema die Liebe ist. Die Sammlung von „traurigschönen" Liebesgedichten, wie sie von Rolf Seeliger genannt werden, enthält im Klappentext der 5. unveränderten Auflage (1996) ein Kinderbild des damals verfolgten, heute im Exil lebenden Autors, der, als das Buch 1981 das erste Mal erschien, mancherlei Gründe

---

243  Ibid. S. 20.
244  Ibid. S. 56.
245  Ibid. S. 33.
246  SAID: *Liebesgedichte von SAID*. Peter Kirchheim: München 1996, (5. unveränderte Auflage). Im Folgenden zitiert als *Liebesgedichte*.

hatte, sein Dichterprofil den Fotografen vorzuenthalten.[247] Im Jahre 1986 bekam SAID, der sich inzwischen nicht mehr verstecken muss, anlässlich der neuen Auflage seiner *Liebesgedichte* auch das Stipendium „Münchner Literaturjahr" zuerkannt. Die Entscheidung der Jury, die den aus Iran stammenden Dichter zusammen mit drei deutschen Schriftstellern – Alfred Gulden, Franz Josef Herrmann und Margit Irgang – auszeichnete, beweist schon damals deutlich die Wertschätzung, die dem Werk *Liebesgedichte* des auf Deutsch schreibenden Autors fremder Muttersprache entgegengebracht wurde.

Auch in seiner lyrischen Produktion, wie in dem Prosaschaffen, ist der Stil des iranisch-deutschen Schriftstellers unverkennbar, er zeichnet sich durch eine Vielfalt von Symbolen und Bildern, die häufig auf sein Leben und seine persönlichen Erfahrungen Bezug nehmen, sowie durch die Wortkargheit der Sprache aus. Francine Rouby bezeichnet die Sprache hier als besonders ausgeklügelt und ausgefeilt, und findet, dass diese Gedichte in der lyrischen Manier des japanischen Haikus verfasst seien.[248] Das einer Frau namens Cornelia, mit der SAID vier Jahre zusammen war, gewidmete Buch, enthält insgesamt zwölf betitelte und zwölf unbetitelte Gedichte.[249] Sie sind unterschiedlich lang und die meisten bestehen nur aus wenigen Versen.[250] Sie sind ausnahmslos in Kursivschrift gesetzt und zwei von ihnen sind jeweils einer bestimmten Person gewidmet.[251]

---

247  Vgl. Seeliger, Rolf: „Kuß durchs Glas". *Münchener Merkur* 16.7.1986.

248  Rouby 2006, S. 158.

249  Die damalige Exfreundin kommt auch in dem zweiten Buch von SAID *Wo ich sterbe* in Form von Briefen vor. Chiellino 1988, S. 85.

250  Die von mir verwendete Auflage enthält keine Seitenzählung, deswegen werde ich mich beim Zitieren auf die Reihenfolge der Gedichte beziehen. Das 15. Gedicht ist das kürzeste und umfasst nur drei Verse, das 11. Gedicht ist hingegen mit 18 Versen das längste.

251  Im elften Gedicht wird Lola Jakobowsky Horowitz mit vollständigem Vor- und Familiennamen genannt, das zehnte zeigt hingegen nur die Anfangsbuchstaben eines anderen Namens, K. N., als ob SAID nicht ganz deutlich verraten möchte, wer diese Person sei. Der Inhalt des Textes lässt aber vermuten, dass der Adressat der Liebesverse eine Frau ist. SAID stellt seinen Gedichten in der Regel keine Widmung voran. So ist zwar seine einzige andere Gedichtsammlung zum Thema Liebe, *Sei Nacht zu mir*, einem unbekannten P. gewidmet, doch gibt es darin keine weiteren Einzelwidmungen.

Schon in diesem Werk, einem der ersten, das überhaupt veröffentlicht wurde, lässt sich das ganz persönliche Verhältnis des Autors zur deutschen Sprache erkennen. Christian Hartwig Wilke behauptet sogar, dass SAID seine *Liebesgedichte* so „deutsch" geschrieben habe, wie es keiner der „geborenen Westdeutschen" mehr tun könne, und wahrscheinlich, niemals gekonnt hat.[252] Diese Behauptung klingt übertrieben, es ist aber eine Tatsache, dass der Dichter hier zwar schon einen ziemlich freien Umgang mit der deutschen Sprache pflegt, im Vergleich zu vielen seiner späteren Werke beachtet er aber die sprachlichen und orthografischen Regeln noch ziemlich genau.[253] Tatsächlich zeigt sich seine Sprache in einer reinen Schönheit, die sich in ihren dunklen und lichten Tönen immer wieder neu lesen und entdecken lässt, so als wäre sie gerade erst erschaffen worden. Die besondere Auswahl der Wörter macht auch das Deutsche so melodisch, kraftvoll und berührend, dass der Leser fast jedes Gedicht, auch wenn es nur sehr kurz ist, zweimal lesen wird, um alle versteckten Nuancen auszuschöpfen.[254]

Doch die Liebe, wie sie hier in den Gedichten zur Sprache kommt, hat, abgesehen von zwei Ausnahmen (das 5. und das 8. Gedicht), wenig Ähnlichkeiten mit den extrem leidenschaftlichen und sinnlichen Passagen, wie wir sie in *parlando* finden. Nach Wolfgang Thon zeugen die Liebesgedichte vielmehr von einer unsentimentalen und behutsamen Zärtlichkeit, die Romantik und die Sentimentalität werden in manchen Gedichten auch von einer gewissen Skepsis verschleiert und nur sehr selten sind sie Ausdruck einer tiefen Freude und Leidenschaft.[255] In den

---

252 Vgl. Hartwig, Wilke Christian: „Weder Haß noch Triumph. Gedichte und Texte des Exils-Iraners Said". *Neue Züricher Zeitung* 1996.

253 Alle Substantive wie auch die Satzanfänge sind immer großgeschrieben und die Interpunktion wird mit einigen wenigen Ausnahmen vom Autor respektiert. SAID selbst hat immer betont, wie vorsichtig, aufmerksam und respektvoll er anfänglich mit der Sprache umging. Näheres hierzu in Kapitel I.2 dieser Arbeit.

254 „Gute Gedichte lassen immer Fragen offen, bergen immer Geheimnisse, sind nicht bei der ersten, oft oberflächlichen Lektüre eingängig". Vgl. Macke, Carl Wilhelm: „Wort, eine lausige Zufallshure". *culturmag.de*, URL http://culturmag. de/litmag/said-ruf-zuruck-die-vogel/4752, Beitragsdatum 8.3.2010, letzter Zugriff 28.5.2014.

255 Vgl. Thon, Wolfgang: *Stern*, URL http://www.said.at/shop.html#liebesged, letzter Zugriff 12.3.2014.

meisten Texten herrschen eher „milde", „lauwarme" Liebesgefühle vor, als habe der Autor Angst, tiefe und wahre Empfindungen zuzulassen und mitzuteilen. Mit dieser Charakterisierung tut man der Gedichtsammlung sicher kein Unrecht, bedenkt man, zu welch echten und leidenschaftlichen Schilderungen des Geschlechtsakts der Autor in dem Liebesroman *parlando* fähig ist, während sie hier völlig fehlen.

Der Gedichtband lässt sich in drei Teile gliedern. Jeder Teil handelt einen bestimmten Aspekt oder eine bestimmte Phase der Liebe ab, für die SAID jeweils ganz eigene, originelle Bilder und Wörter gefunden hat. Der erste Teil scheint im Wesentlichen der Phase der Nähe gewidmet, der zweite der Phase der Trennung und der dritte der Phase des Verlustes und des endgültigen Abschieds. Jeder Moment wird jeweils von 8 Gedichten vertreten: die Zeit der Nähe wird vom ersten bis zum 8. Gedicht dargestellt, die Trennung vom 9. bis zum 16. und der Abschied vom 17. bis zum 24. Die Phase der Nähe, die gleich im ersten Gedicht thematisiert wird, scheint dem Autor besonders am Herzen zu liegen. Denn das in Blockschrift geschriebene „DU", emphatisch an seine Geliebte gerichtet, die so für ihn zum Wichtigsten stilisiert wird, begegnet uns in dieser Form in der ganzen Gedichtsammlung nicht mehr.

Im ersten Gedicht der „Nähe", wie überhaupt in der ganzen Sammlung, kommt die Farbe „Blau" mehrmals vor. Das Wort „Blau" begegnet uns auch gleich im ersten Vers des ersten und des letzten Gedichtes der Sammlung und übernimmt damit *quasi* die Rolle einer Klammer für den gesamten Band[256]. Am häufigsten findet es sich jedoch im ersten Gedicht: „*Dein blauer Ärmel/ Ein blaues Refugium/ […]/ in seinem Blau*".[257] Nimmt man noch die zahlreichen Bilder in anderen Gedichten des Bandes hinzu – wie z.B. Himmel und Wasser – die auf die Farbe „Blau" verweisen, so wird offensichtlich, dass SAID dem Blauen eine außerordentliche Rolle beimisst. In erster Linie steht

---

256 Die besondere Bedeutung dieser Farbe für SAID sowie für seine gesamte Farbsymbolik ist offensichtlich. Im Jahr 2006 veröffentlicht er ein Buch mit dem Titel *Das Rot lächelt, das Blau schweigt*, in dem er den dargestellten Farben, Figuren und Landschaften eine ganz besondere Stimme verleiht. SAID: *Das Rot lächelt, das Blau schweigt. Geschichten über Bilder*. C.H. Beck: München 2006.

257 SAID 1996, Gedicht Nr. 1.

sie als Metapher für die Liebe,[258] wie im letzten Text zu lesen ist: *„Die Farbe der Liebe ist blau"*.[259] Warum nicht das Rot, die Farbe der Leidenschaft? Es ist anzunehmen, dass das Blau bei ihm zum Symbol der Tiefe – des Meeres, des Himmels – wird, sowie zur Metapher des Lebensprinzips schlechthin – in den Tiefen des Wassers hat das Leben seinen Ursprung. Tief wie das Meer und allgegenwärtig wie das Lebensprinzip – so ist für den Dichter auch die Liebe. Mit dem Blauen verbinden sich aber noch weitere Assoziationen. Es ist die Farbe der Treue und der Verlässlichkeit,[260] und die „blaue Blume" der Romantik gilt als Leitmotiv bei der Suche und dem Finden des eigenen, persönlichen Glücks.[261] Weiter verweist das Blau als Farbe des Himmels auf die Spiritualität. Es steht in verschiedenen Religionen für Ewigkeit und Unendlichkeit. Blau ist der Mantel der Gottesmutter Maria, in orientalischen Ländern dient diese Farbe dazu, die guten Geister und Götter auf sich zu lenken und ist ein Symbol für die Mächte des Himmels und der Unsterblichkeit.[262] In Indien wird das Blau als ein Zeichen höchster Vergeistigung und göttlicher Erleuchtung angesehen.[263]

Das Blau hat aber, wie Goethe in seiner *Farbenlehre* erläutert, auch negative Eigenschaften. Es trägt in sich immer etwas Finsteres, Dunkles

---

258 Wie wichtig das Gefühl geliebt zu werden und zu lieben für die Existenz des Autors ist und wie oft es ihn vor der Einsamkeit gerettet hat, ist schon gesagt worden, siehe die Untersuchung zu *parlando* in dieser Arbeit. Während der Verleihung des Literaturpreises des Freien Deutschen Autorenverbands sagt SAID selbst: „Ich glaube, dass man in der Fremde viel mehr Liebe braucht, als wenn man Zuhause ist". Hametner 2010.

259 SAID 1996, Gedicht Nr. 24.

260 Vgl. Schuth, Dietmar: *Die Farbe Blau: Versuch einer Charakteristik*. Lit: Münster 1995.

261 Heinrich von Ofterdingen träumt von einer blauen Blume, die er schließlich im Gesicht von Mathilde entdeckt: „Ist mir nicht zumute wie in jenem Traume, beim Anblick der blauen Blume? Welcher sonderbare Zusammenhang ist zwischen Mathilden und dieser Blume?". Vgl. Novalis: „Novalis Schriften". In: Tieck, Ludwig/Schlegel, Friedrich (Hrsg.): *Heinrich von Ofterdingen*. Reimer: Berlin 1837, (5. Auflage), S. 143.

262 Weitere Informationen finden sich in Luzzato, Lia/Pompas, Renata: *Il significato dei colori nelle civiltà antiche*. Bompiani: Milano 2010.

263 Vgl. Gajrani, Shiv: *History, Religion and Culture of India*. Gyan Publishing House: New Delhi 2004.

und bewirkt ein Gefühl von Kälte.[264] Es symbolisiert gleichzeitig die Melancholie, das Ferne, die Leere und die Weite, d.h. den Abstand von allem, und auch dies mag ein Grund sein, warum SAID auf diese Farbe im letzten Teil der Sammlung, der dem Verlust und dem endgültigen Abschied gewidmet ist, zurückkommt.[265]

Die „Phase der Nähe" versammelt Gedichte, die explizit Liebeserklärungen des Dichters zum Thema haben und das Bedürfnis ausdrücken, seine Gefühle offen zu zeigen. Während der Dichter im ersten Gedicht seine Geliebte liebenswürdig fragt „*könntest du?*", geküsst zu werden und im 3. Text mit dem Titel *Liebeslied ohne Hast* seine reine und wahre Liebe besingt, stellt er sich hingegen im 4. Gedicht dieser ersten Phase der Liebe vor, eine schon verheiratete Frau lieben zu können.

Die Zärtlichkeit und die Schüchternheit des Verliebten der ersten Gedichte scheinen allerdings bald der drängenden und ungestümen Leidenschaft Platz zu machen. In *Ohne Verlust* beschreibt der Autor sein plötzliches Bedürfnis, mit seiner Freundin zu schlafen, ein Bedürfnis, das sofortige Erfüllung verlangt:

*Ohne Verlust*

*Ich trete ein*
*nehme deine Brille ab*
*ziehe dich aus*
*liebe dich zu Ende*
*setze deine Brille auf*
*und gehe fort.*[266]

Die unwiderstehliche Liebe der obigen Verse wandelt sich aber noch einmal, und im 7. Gedicht wird der Autor wieder zu einem romantischen Verliebten, der sich seine Frau durch Klavierspielen und Versschreiben ins Gedächtnis ruft, da er vermutlich fern von ihr ist. Dieses aus zehn Versen

---

264 Vgl. Goethe, Johann Wolfgang: *Zur Farbenlehre.* Cotta: Tübingen 1810, (6. Abteilung) S. 294, 295.

265 In der christlichen Bildersprache wird das Blau als Symbol der Reinheit verstanden. So trägt Maria auf Verkündigungsdarstellungen einen blauen Mantel. Blau ist ihr Mantel auch bei ihrer Himmelfahrt, wodurch eine Verbindung zwischen dem Göttlichen im Himmel und dem Irdischen auf der Erde hergestellt werden kann.

266 SAID 1996, Gedicht Nr. 5.

bestehende Liebesgedicht birgt weitere Themen in sich, die SAID wichtig sind. Es erzählt nämlich auch von den Schwierigkeiten, die der Autor tagtäglich erlebt: das Exil in einem fremden und kalten Land, in dem er seine Gedichte in einer Fremdsprache verfasst und wegen dieser materiellen und sinnbildlichen „Kälte" sogar mit Handschuhen Klavier spielen muss. Auch die letzten Verse: *„und küsse meine Geliebte/ durch Milchglas"*[267] scheinen auf das Exil bzw. auf die Ferne des Verliebten zu verweisen.

Das Gedicht *Das Lieben*, das den ersten Teil der Lyriksammlung *Liebesgedichte* abschließt, kennt wieder etwas leidenschaftlichere Töne. Die beiden namenlosen Liebhaber, die zwei Engeln gleichen, weil sie auf einer Wolke liegen, sind hier von einer so starken und tiefen Liebe fortgerissen, dass sie sogar die Sonne selbst erhellen.[268]

Der zweite Teil der Gedichtsammlung, in der die Trennungsphase einer Liebesbeziehung thematisiert scheint, wird durch ein kurzes unbetiteltes Gedicht von fünf Versen eingeleitet, das das leise und wortlose Ende einer Liebesgeschichte skizziert:

*Keiner sprach in der Nacht.*
*Du nicht,*
*ich nicht*
*und nicht der Luftballon,*
*der zwischen uns lag.*[269]

Der Text zeigt deutlich auf, wie es ist, wenn es den Partnern nicht nur an Gesprächsstoff, sondern an jeglichem Kontakt mangelt – Elemente, die eindeutig den Schluss einer Beziehung bezeugen. Die Liebenden scheinen sogar wie von einer Mauer getrennt zu sein, die aber hier durch die Zerbrechlichkeit und die Instabilität eines Luftballons dargestellt wird. Auch die vielen durch die Interpunktion akzentuierten Zäsuren der Verse unterstreichen die Kommunikationslosigkeit, ebenso wie das Antithetische *„Du nicht,/ ich nicht"* der Verse 2 und 3.

Die Trennung kommt noch stärker zur Sprache in dem Gedicht, das der Jüdin Lola Jakobowsky Horowitz gewidmet ist, die wie SAID die Erfahrung der Diaspora erlebt. Mit seinen 18 Versen ist es das längste Gedicht der

---

267  Ibid. Gedicht Nr. 7.
268  Ibid. Gedicht Nr. 8.
269  Ibid. Gedicht Nr. 9.

Sammlung und der Dichter spricht hier mit einem nostalgischen Ton von der Frau, deren Lächeln mit der Wärme der Sonne verglichen wird. SAID scheint von seiner guten Freundin besonders angetan und er beschreibt die Macht, die vom Streicheln ihrer großen und „freudigen" Hände ausgeht, die es schaffen, SAIDs kantigen Charakter zu glätten: *„Deine Hände,/ groß und freudig,/ streicheln meine Kanten"*[270]. Der Autor gesteht, sich Lola sehr nah zu fühlen, und seine Worte bestätigen diesen Eindruck: *„Wie sehr wir uns ähneln./ Zwei von verschiedenen Rudeln abgestoßene Wölfe./ Wir alle/ sind/ Ewige Juden"*. Wie der „Ewige Jude" müssen der Schriftsteller und Lola Jakobowsky Horowitz die eigene Heimat verlassen und ratlos umherwandern, getrieben vom Verlangen, von der Nostalgie und dem Schmerz des Verlustes, in der Hoffnung irgendwann den Boden der Heimat wieder zu betreten.

Auch in diesem zweiten Teil seiner *Liebesgedichte,* wie in dem ersten Teil mit dem Gedicht *Liebeslied ohne Hast,* fügt SAID ein Lied ein, dieses Mal trägt es aber melancholische Züge. Hier in *Liebeslied* singt der Dichter nämlich nicht von Liebe und von der Nähe einer geliebten Frau, sondern er äußert Traurigkeit wegen der Abwesenheit der Geliebten, von der er vor dem Kamin sitzend nur träumen kann. Die unglückliche Stimmung, die der Leser bei diesen Versen spürt, setzt sich in den letzten drei Gedichten des zweiten Teils weiter fort – und zwar im 14., 15. und 16. Gedicht. Hier werden ausschließlich Trauer und Einsamkeit geschildert. So beschreiben *Ausflug ohne Dich* und *Eingefrorene Lügen* jeweils Momente der Einsamkeit und völligen Verständnislosigkeit zwischen dem lyrischen Ich und einer Frau, und in dem letzten, dem sechzehnten Gedicht, werden wir Zeugen der endgültigen Trennung, die sich am Telefon abspielt. Es ist der Apparat, der handelt, der ruft, während die zwei Protagonisten des Textes sich im Grunde nichts mehr zu sagen haben. Sie streiten nur noch und die Distanz zwischen ihnen ist wohl inzwischen so groß geworden, dass keine Annäherung mehr möglich ist: *„Das Telefon ruft./ [...]/ wir spielen Räuber und Gendarm./ Du legst auf./ Ich verliere Dich"*.[271]

Der traurigen und melancholischen Stimmung des zweiten Teils der Sammlung folgt im letzten Teil die Dramatik des Verlusts und des

---

270  Ibid. Gedicht Nr. 11.
271  Ibid. Gedicht Nr. 16.

Abschieds. Sie beginnt mit einem Gedicht, in dem geschildert wird, wie ein aus dem Vietnamkrieg heimkehrender Soldat entdecken muss, dass seine Freundin ihn mit einem Anderen betrogen hat, während er in Vietnam kämpfte. Er gesteht schwermütig, er habe wegen des Verrates sogar mehr gelitten, als unter den Bomben in Vietnam.[272]

Von der verlorenen Frau, die in diesem Teil des Werkes vorkommt, ist nur die verdunkelte und trübe Erinnerung geblieben, die nachts langsam im 18. Gedicht auftaucht und die im 19. Gedicht zwischen den eiligen und desinteressierten Passanten gesucht wird. Die Geliebte ist nicht mehr da und dem Verliebten, der diesen endgültigen Abschied schon voraussah, bleibt nichts übrig, als jetzt den Spiegel, der einmal ihre Liebe widerspiegelte, zu verhängen: *„wußte ich/ daß du gegangen warst-/ ich verhänge den Spiegel".*[273]

Besonders interessant scheint die Beschreibung des letzten Abschiedsgrusses des Paares im 22. Gedicht, *Ein Abschied,* das vielfältige Interpretationen zulässt:

*Ein Abschied*

*Ich ließ mich nicht*
*anfassen*
*und weinte zu Ende.*
*Ich schwöre es,*
*sie hat meine Tränen nicht*
*gesehen.*
*Ich schwöre es,*
*sie hat meine Tränen nicht*
*gesehen.*
*Ich küßte ihre Füße*
*und ging fort.*
*Ich küßte ihre Füße*
*und ging fort.*
*Aber ich ließ mich nicht*
*anfassen.*

Das 15 Verse umfassende Gedicht beschreibt mit dem dramatischsten Ton der ganzen Sammlung den Moment, in dem zwei Liebende endgültig

---

272  Ibid. Gedicht Nr. 17.
273  Ibid. Gedicht Nr. 20.

Abschied nehmen. Die Verse sind fast alle, und wie üblich bei den said-schen Gedichten, ziemlich kurz: Vers 2, 6, 9 und 15 bestehen aus nur einem einzigen Wort. Dabei wechselt sich die Wiederholung in alternierender Reihenfolge der zwei Verben ab, der Infinitiv „anfassen" in den Versen 2 und 15 und das Perfekt „gesehen" in den Versen 6 und 9, ab. Die Besonderheit dieses Gedichts liegt vor allem in dem zentralen Teil des Textes, der aus der Wiederholung von zwei gleichen Terzinen, vom 4. bis zum 9. Vers (4, 5, 6 = 7, 8, 9) und von den Versen 10–11 und 12–13 besteht. Auch die ersten und letzten beiden Verse sind, abgesehen von der einleitenden Konjunktion „aber", gleich. Wie lässt sich diese stilistische Entscheidung des Dichters interpretieren? Und welche Rolle spielen diese ständigen Wiederholungen? Im Vergleich zu den anderen Gedichten gewinnt *Ein Abschied* dadurch eine besondere Dramatik, die wohl dem hohen Stellenwert geschuldet ist, den der Abschied generell bei SAID einnimmt. Die Erfahrung des Abschieds, die in fast allen seinen Werken angesprochen wird, ist das bedeutendste Erlebnis im Leben des Autors. Dem trägt das Gedicht *Ein Abschied* durch seine starke Ichbezogenheit in besonderem Maße Rechnung. Die Aufmerksamkeit wird durch die sechs-malige Wiederholung des Personalpronomens „Ich" ganz auf den Mann gelenkt, der Abschied nimmt und der seinen Empfindungen freien Lauf lässt. Die Distanz von der Frau ist offensichtlich, die damalige Geliebte kommt nur zwei Mal im Text vor und zwar in der gleichen Formulierung in der dritten Person, welche die endgültige Trennung akzentuiert: „sie hat meine Tränen nicht/ gesehen".

Die Wiederholung gleicher Verse wird zu einer langen und andächtigen, melancholischen Aussage, die dem Leser hilft, sich auf die Bedeutung der Wörter einzulassen. Auch die häufig verwendete Interpunktion in den Versen 3, 4, 6, 7, 9, 11 und 13 schafft Zäsuren, die den Lesefluss verlangsamen, bevor man sich den folgenden Versen zuwendet, so als ob Zeit zum Nachdenken geschaffen wird. Dieser Verlangsamung stehen die zahlreichen Enjambements zwischen den Versen 1 und 2, 5 und 6, 8 und 9, 10 und 11, 14 und 15 entgegen, die zu einer Beschleunigung des Tempos führen und dem Gedicht eine ernste, drängende Note geben, die sich jedoch dem Nachdenken entzieht.

Auch das Verhalten der Hauptfigur, spiegelt die Dramatik des Gedichts wieder. Seine Haltung scheint nicht ganz eindeutig zu sein. Augenblicke von Überlegenheit wechseln mit solchen von einer fast unterwürfigen

Bitterkeit gegenüber der Frau. SAID stellt nämlich keinen völlig, niederge-
schlagenen, verlassenen Mann dar. Er trägt vielmehr stolze, entschlossene
Züge, und er bestätigt, schwört sogar zwei Mal, er habe sich nicht anfassen lassen und er habe nicht vor der Dame geweint. Die Aussage: *„Ich ließ
mich nicht/ anfassen/ und weinte zu Ende./ Ich schwöre es,/ sie hat meine
Tränen nicht gesehen"* könnte allerdings auch so interpretiert werden, dass
sie ihn nicht wirklich angeschaut hat, nicht bemerkt hat, dass er weinte,
ein Beweis der Interesselosigkeit der Frau gegenüber dem Mann und seiner
Verzweiflung. Oder aber: die Frau hat die Tränen tatsächlich nicht gesehen,
weil der Dichter in sich selbst geweint hat, seinen wahren Gefühlen nicht
freien Lauf gelassen hat.

Das Geständnis, geweint und ihre Füße geküsst zu haben, bevor er fort
ging, beweist wiederum eine leidenschaftliche Haltung des Mannes, der
sich doch nicht scheut, seinen Schmerz zu zeigen. Es ist ein Wechsel von
Schwäche zu entschlossener Überlegenheit, die am Ende siegt, wenn er,
eingeleitet durch ein kräftiges *„aber"*, trotzig wiederholt: *„Aber ich ließ
mich nicht/ anfassen"*.

Auch die letzten zwei Gedichte zeichnen das liebende Andenken an
eine Frau, die im vorletzten Gedicht mit einem Spatzen verglichen wird,
der fliegen gelernt und sich entschieden hat, seinen Baum, seine sichere
Behausung, mit der SAID sich selbst identifizieren lässt, zu verlassen.

## III.3 Islam zwischen Glauben und Kritik. *Psalmen*: eine Untersuchung

Dem Thema Religion widmet SAID auch einen Gedichtband, der
im Februar 2007 unter dem Titel *Psalmen* erschien und von der Kritik als
faszinierendes, überraschendes Werk und als kleines Juwel an poetischer
Sprache gewürdigt wurde.[274] Irmgard Ackermann nennt es sensationell,

---

274 Vgl. Scherf, Martina: „Gebete gegen die Gottesbesitzer". *Süddeutsche Zeitung* 25.2.2008; Macke, Carl Wilhelm: „Herr, kämpfe gegen die müde Vernunft". *culturmag.de*, URL http://culturmag.de/litmag/said-psalmen/16070,
Beitragsdatum 25.4.2007, letzter Zugriff 19.11.2013.

dass ein deutschsprachiger Autor mit muslimischem Hintergrund auf die alten Psalmen zurückgreift und mit ihnen einen ganzen Textband bestreitet.[275] Die Ausgabe, mit einem ausführlichen Nachwort von Hans Meier versehen, umfasst eine Sammlung von 99 relativ kurzen Gedichten, die sich intensiv mit dem religiösen Gehalt und der literarischen Gattung der Psalmen auseinandersetzen und sie zum Vorbild nehmen. Dass der Schriftsteller gerade 99 Psalmen in seinem Textband versammelt hat, wurde von Georg Langenhorst als eine Anspielung auf die vor allem im Islam bezeugte Tradition der 99 schönsten Namen Gottes gedeutet – auch wenn Gott selbst als Wesen im Werk SAIDs weder in seiner islamischen noch jüdischen oder christlichen Variante hier direkt Erwähnung findet.[276]

In einem Interview mit Claudia Mende geht der Lyriker auf die Entstehungsgeschichte seiner *Psalmen* ein: elf Jahre habe er insgesamt für Bibellektüre, Materialsammlung und Sichtung der verschiedenen Übersetzungen gebraucht, eine lange Zeit, in der seine Achtung vor jeder Religion gewachsen sei.[277] Er wusste aber immer noch nicht, in welcher Form er seine Gedanken und Empfindungen zu Papier bringen sollte. SAID gesteht, er habe sich schließlich für die Psalmen entschieden, weil ihre typische direkte Anrede Gottes am besten dem Wunsch nach einem persönlichen, unmittelbaren Kontakt zu seinem „herrn" entsprach.[278]

In den *Psalmen* beweist der Schriftsteller seine profunde Kenntnis sowohl des Korans, der keine den Psalmen ähnliche Form des Gebetes kennt, wie auch der Bibel. Dabei gestaltet er diese alte biblische Gedichtsform durchaus nach seinen eigenen Bedürfnissen, das erste ist, einen persönlichen und unmittelbaren Kontakt zu dem „herrn" herzustellen.

Der Autor ist beileibe nicht der einzige, der den Versuch unternimmt, die Psalmen nachzudichten. Die jüdisch-christliche Tradition kennt viele solcher Beispiele von der Zeit des Frühchristentums über das Mittelalter

---

275  Vgl. Ackermann, Irmgard: „Psalmendichtung aus der Außenperspektive". *Stimmen der Zeit* (Bd. 226) Heft 3, 2008, S. 185–196, hier S. 188.

276  Vgl. Langenhorst, Georg: „Psalmen der Einforderung". *theologie-und-literatur.de*, URL http://www.theologie-und-literatur.de/fileadmin/user_upload/Theologie_und_Literatur/SAID.pdf, letzter Zugriff 22.6.2014.

277  Mende 2008.

278  Ibidem.

bis in die Reformationszeit und darüber hinaus. In diese Übersetzungen oder Paraphrasen flossen immer wieder neue religiöse Erfahrungen mit ein. Nach der noch heute gültigen Übersetzung der Psalmen von Martin Luther finden wir in der Barockzeit die Übertragungen von Paul Gerhart, Andreas Gryphius, Martin Opitz und anderen, später während der Aufklärung versuchten sich dann Christian Fürchtegott Gellert, Friedrich Gottlieb Klopstock, Christoph Martin Wieland und Johann Gottfried Herder in der Psalmendichtung. Im Verlauf der Zeit bildeten die Psalmen so ihrerseits eine eigene literarische Gattung, die sich im 20. Jahrhundert einerseits an Formen und Inhalten des psalmistischen Kirchenlieds orientiert, anderseits im Expressionismus eines Georg Trakl und Gottfried Benn keine direkten Bezüge zu den biblischen Psalmen mehr aufweist.[279] Nicht zu vergessen ist schließlich auch die besondere Anwendung der Psalmenform von Bertolt Brecht und später von jüdischen Schriftstellern wie Nelly Sachs und Paul Celan.

Viele Protagonisten der deutschen Literatur haben sich also mit dieser lyrischen Gedichtgattung beschäftigt, laut Dorothea von Törne habe aber keiner von ihnen die uralten religiösen Gesänge so radikal umgearbeitet wie der iranisch-deutsche Dichter.[280] Mit dieser Meinung steht sie keineswegs allein. Auch andere Rezensenten rühmen SAIDs *Psalmen* als ein kühnes und verwegenes Werk.[281] Und dies nicht nur, weil sich hier erstmals ein muslimischer Schriftsteller mit einem jüdisch-christlichen Traditionsstoff auseinandersetzt und moderne Psalmen verfasst, sondern auch, weil er Elemente aus allen drei monotheistischen Religionen aufnimmt, um neue weltliche Psalmen mit zeitgenössischen Inhalten zu schaffen.[282]

---

279  Vgl. Bach, Inka/Galle, Helmut: *Deutsche Psalmendichtung vom 16. bis 20. Jahrhundert. Untersuchung zur Geschichte einer lyrischen Gattung.* De Gruyter: Berlin 1989; siehe auch Kurz, Paul Konrad: *Psalmen vom Expressionismus bis zur Gegenwart.* Herder: Freiburg 1978.

280  Vgl. Törne von, Dorothea: „Herr, bleibe in Rufweite. Weltliche Psalmen: der Dichter SAID konstruiert sich einen Wunschgott". *Der Tagesspiegel* 8.4.2007.

281  Ibidem, siehe auch Lang, Bernard: „Im Schatten deiner Lügen. Psalmen des Dichters Said". *Zürcher Zeitung* 30.6.2007 und Hunger, Florian: „Psalmen von SAID". *Jüdische Zeitung* Juni 2007.

282  Vgl. von Törne, Dorothea: „Wo muslimische Engel ratlos werden". *Die Welt* 17.3.2007. Die Psalmen prägen immer noch die jüdischen und christlichen

Dies ist das besondere Merkmal dieser Psalmen. In einer Epoche, die seiner Ansicht nach dazu neigt, das Trennende und Unterscheidende zu betonen, will SAID in psalmodierender Form die Einheit und das friedliche Zusammenleben der Menschen beschwören. Diese Absicht des Autors lässt sich gut an Psalm 43 belegen:

> herr
> ich will die differenz nicht anerkennen
> zwischen dem schöpfergott und dem erlösergott
> dafür gelobe du
> keinen unterschied zu machen
> zwischen gottesfürchtigen und gottessuchern
> und schaffe die frommen ab
> die uns im wege stehen
> denn sie betonen nur das trennende
> vernimm mein täglich gebet
> das ich stumm an die schönheit richte.[283]

Der Psalm erinnert in Zügen an die Parabel des verlorenen Sohnes. Die zentralen Verse des Gedichtes scheinen auf die protestantische Interpretation der Parabel vom verlorenen Sohn zu verweisen, die in erster Linie das große Vertrauen des sündigen Sohnes auf seinen Vater (Gott) zeigt, der dem Jungen verzeiht, noch bevor er bereut. In dem Psalm scheint SAID, wie der Sohn in der Parabel, ein unbedingtes Vertrauen auf das Zutun seines „herrn" zu haben. Andere Belege der Zuversicht des Autors auf den „herrn" findet man tatsächlich an weiteren Stellen der Sammlung, beispielsweise in dem 26. Psalm: „gib mir die kraft/ die verblendeten von den

---

Gebete bis heute, keine andere Form religiöser Dichtung ist über drei Jahrtausende so lebendig geblieben und wird immer noch in der Liturgie verwendet. Die konstitutive Form der Psalmen ist dialogisch und ihr Inhalt ist Lobpreis, Klage, Hilfeschrei, Verzweiflungsruf, Gottvertrauen, Dank und Bitte. Dabei sind in den biblischen Psalmen, im Gegensatz zu denen von SAID, keine individuellen Meditationen zu finden, weil das Ich als Sprecher immer die allgemeinen und verbindenden Erfahrungen des Gottesvolkes darstellt. Vgl. Ackermann 2008, S. 185. Etwas Ähnliches gibt es im Koran nicht, da das Arabische als Offenbarungssprache Allahs Muslimen so einzigartig erschien, dass sie Anleihen oder Umdichtungen hebräischer Psalmen für die islamische Glaubenswelt nie hätten zulassen können. Buchrezension „SAIDs *Psalmen. Verwegen*". *Chrismon plus, das evangelische Magazin*, Februar 2007.

283 SAID 2007, S. 46.

blinden zu unterscheiden" sowie in dem 53. „herr/ gibt mir die kraft zu reflektieren und zu verklären" und noch in dem 59. Gedicht „und gibt mir die kraft/ den mörtel der lüge nicht zu verkennen".[284]

Der Dichter konfrontiert die Psalmen als Zeugnis der jüdisch-christlichen Tradition mit dem Islam, d.h. mit seinen eigenen kulturellen und religiösen Wurzeln. Dennoch kann man von seinem Werk nicht als „islamische Psalmen" sprechen, auch wenn er mehrfach betont, dass er sich mit dem Erbe des Islams verbunden fühlt, ohne aber ein Muslim zu sein.[285] So ist der islamische Hintergrund wohl prägend für SAIDs Psalmen – „und lass mich dem gott der kindertage treu bleiben/ der licht und linderung spendete"[286] – doch ebenso deutlich wird SAIDs Bemühen um Offenheit gegenüber den anderen Religionen: „lass uns auch wahrheiten glauben schenken/ die außerhalb unseres blickfeldes wachsen"; „und suche für uns den wind/ der den norden mit dem süden verbindet"; „herr/ schenke mir gehör/ denn ich will auch die gebete der anderen vernehmen/ selbst wenn sie meine augen verletzen"; „und lass meine vernunft provisorisch bleiben/ damit sie im lichte der demut/ auch andere ebenen erreicht".[287] Diese wenigen Beispiele mögen genügen, um zu zeigen, wie offen der Schriftsteller anderen religiösen Traditionen gegenüber steht. Schon bald nach dem Erscheinen der Psalmen wurde eine Veranstaltung mit dem Thema *Trialog der Kulturen – Eine Annäherung über die ‚Psalmen' SAIDs* organisiert,[288] zu der Vertreter der drei monotheistischen Religionen eingeladen waren, um das saidsche Werk zu besprechen. Im Verlauf dieser Konferenz wurde die Rolle des Lyrikers als die eines beispielhaften Brückenbauers zwischen Orient und Okzident, zwischen verschiedenen Kulturen und

---

284  Ibid. S. 32, 59, 65.
285  Ackermann 2008, S. 192.
286  SAID 2007, S. 89.
287  Ibid. S. 17, 22, 69, 93.
288  Die Veranstaltung wurde von der Hans-Seidel-Stiftung in Kooperation mit der Herbert Quandt-Stiftung am 26. Februar 2008 in München organisiert. Als Vertreter der christlichen Religion wurde der Professor für Christliche Weltanschauung Hans Meier eingeladen, die jüdische Glaubensgemeinschaft war durch den Vorsitzenden der Allgemeinen Rabbiner Konferenz, Rabbiner Henry Brandt, vertreten und SAID, wegen seines muslimischen Hintergrunds, galt als Exponent des Islams.

Religionen hervorgehoben.[289] Er gehöre gleichzeitig zum Morgenland und zum Abendland, er kenne die Besonderheiten der verschiedenen Religionen und in ihm selbst vermischten sich Elemente unterschiedlicher Kulturen, wie man an seinen *Psalmen* deutlich sehen könne. Langenhorst betont die Leistung des Autors, in seinen Psalmen einen bunten Flickenteppich aus zahlreichen Stoffen verschiedener kultureller Provenienz erstellt zu haben, wobei ihm die biblischen Psalmen aber nur eine Quelle ästhetischer Anregung gewesen seien. So stimmt er mit vielen anderen Rezensenten darin überein, dass in SAIDs Psalmen eine gelungene Mischung nicht nur verschiedener religiöser Traditionen, sondern auch alter und neuer Themen vorliege. Das mache sie zu einer vielschichtigen, auf mehreren Ebenen lesbaren Gedichtsammlung.[290]

Wo aber lassen sich nun Elemente der biblischen Psalmen in SAIDs Werk erkennen? Man wird sofort bemerken, dass die Gedichte des iranisch-deutschen Schriftstellers und die Psalmen der Bibel sich direkt an ein Wesen richten, das in der Bibel Gott und bei SAID einfach „herr" genannt wird. Dabei fällt auf, dass sich seine Psalmen meist schon mit dem ersten Wort in direkter Anrede an einen „herrn" richten, ohne dass der Autor damit auch eine inhaltliche Gleichsetzung dieses Begriffs mit seinem Gebrauch in den alten Psalmen vornimmt. Vielmehr gibt er seinem „herrn" ganz eigene Konturen. Wer ist also dieser „herr", der intensiv gesucht wird und sich, da er immer klein geschrieben wird, von seinem ebenfalls kleingeschriebenen Umfeld nicht abhebt? Die Psalmisten der Tradition sprechen mit einem bestimmten Gott, aber wie sieht es bei SAID aus? Ist dieser „herr", der keinen Namen trägt, „Allah", „Jahwe", „Gott" oder keiner von ihnen? Welche Rolle spielt er in den Texten?

Der Lyriker ruft seinen „herrn" in ganz verschiedenen Rollen an, als ein Gegenüber, als Vater, als Unbekannten und als Freund. Er ist für ihn kein Gott, dem man Gehorsamkeit leisten muss, auch sucht er keine Verbindung zu ihm über Lobpreisungen: „ich singe kein lob auf dich/ ich suche

---

289  Vgl. Hildmann, Philipp: *Trialog der Kulturen – Eine Annährung über die Psalmen SAIDs*, Tagungsbericht/Dokumentation der XXI-Veranstaltung, URL www.hss.de/downloads/080226_TB_Trialog-pdf, Beitragsdatum 30.4. 2008, letzter Zugriff 12.12.2013; siehe auch Törne, *Engel* 2007.

290  Langenhorst „Psalmen der Einforderung".

dich".[291] Da SAIDs Psalmen einen fiktiven dialogischen Charakter haben, was laut Ackermann ein Novum bei der Bearbeitung des alten Musters ist,[292] scheint es zutreffend, den „herrn" eher als einen stillen Gesprächspartner anzusehen. Der Autor, der durch sein lyrisches Ich spricht, tritt in eine absolut gleichberechtigte Ebene mit dem „herrn" ein, und, was ebenfalls neu ist, er redet mit ihm, obwohl der „herr" nie das Wort ergreift, auf gleicher Augenhöhe. Er spricht ironisch, direkt, sarkastisch, manchmal respektlos und auch spielerisch locker mit ihm:[293] „du bist vielleicht ein kiesel/ den ich stets in der tasche trage", er stellt ihm sogar Fragen, die immer unbeantwortet bleiben: „herr/ wie viele zahlen muss ich noch lernen/ bis zu deiner ankunft?" oder „herr/ willst du ewig der unverfügbare bleiben?/ oder wächst du mit meinem gebet?",[294] provoziert ihn: „gehst du nun auf die knie vor den opfern?/ und vor den tätern auch?" und gibt ihm sogar strenge Befehle: „lass mich laut und überheblich sein in meinem gebet", „herr/ schweige!".[295]

Diese durchaus neuen und ungewohnten Töne unterstreichen die gleiche Ebene, die SAID mit seinem „herrn" gefunden hat und entsprechen nach Hans Meier dem Tonfall unseres Jahrhunderts.[296] Denn in seinen Anrufungen ist er weit entfernt von der alten Unterwürfigkeit des Menschen vor Gott und ebenso vermeidet er auch eine ständige, vertrauliche Duzform nicht, in der zum Beispiel schon Rainer Maria Rilke in seinem Gedichtzyklus *Das Stundenbuch* von 1905 zu Gott spricht.[297] Der Dichter spricht nicht dogmatisch oder elegisch mit ihm sondern Aug in Aug, mal zornig und demütig, mal klagend und bittend, aber auch zweifelnd,

---

291  SAID 2007, S. 10.

292  Ackermann 2008, S. 189.

293  Hunger 2007.

294  SAID 2007, S. 51, 79, 81.

295  Der strenge Ton SAIDs beim Befehl „herr/ schweige!" wird noch zusätzlich durch die Interpunktion betont. Es ist dies der einzige Fall in der ganzen Psalmen-Sammlung, in dem ein Ausrufezeichen verwendet wird. Ibid. S. 9. 44, 83.

296  Vgl. Meier, Hans: „Ein Nachwort". In SAID 2007, S. 106–112, hier S. 110–111.

297  Zum Verhältnis Rilkes zur Religion siehe Schiwy, Günther: *Rilke und die Religion*, Frankfurt a.M.: Suhrkamp 2006.

hoffend und zuweilen auch vertrauend. Ein weiterer Beleg für die Gleichwertigkeit der zwei Gesprächspartner ist darin zu sehen, dass „herr" und
Erzähler beide namenlos sind, denn letzterer tritt nur als „ich" auf. Keiner
spielt hier eine wichtigere Rolle als der andere, beide zeigen sich stark und
mächtig aber gleichzeitig auch schwach und hilfsbedürftig. Genau diesem
Konflikt zwischen eigener Schwäche und Stärke ist sogar ein Text (der 15.
Psalm) gewidmet.[298]

Wie in der biblischen Tradition sind SAIDs Psalmen reimlos und bedienen
sich der Symbolsprache. Die in *Psalmen* gewählten Worte und Ausdrücke
entwickeln eine Bedeutungsvielfalt, indem sie in unterschiedlichen Umfel-
dern verwendet werden, die ihren Sinn zum Teil entstellen und häufig impli-
zit auf SAIDs Leben, auf seine Spiritualität und, wie üblich bei ihm, auf die
iranische Politik verweisen.[299] Neben der direkten Anrede des „herrn" und
der Symbolsprache übernimmt der Dichter noch zwei weitere rhetorische
Elemente aus der biblischen Tradition: den Merismus, der das Allumfassende
eines Konzeptes durch ein Gegensatzpaar darstellt, beispielsweise Himmel
und Erde, sowie die häufigen Wiederholungen. Doch während in der Bibel
die refrainartige Wiederholung in einem ganzen Satz besteht und dazu dient,
den Psalm in bestimmte Abschnitte zu unterteilen oder die Bedeutung des
Satzes hervorzuheben, wiederholt der Schriftsteller nur einzelne Wörter, wie
„herr", „siehe", die er dazu nutzt, die Aufmerksamkeit des Gesprächspartners
zu wecken und zu halten.

Auch die Musikalität der Sprache verbindet SAIDs Psalmen mit den
biblischen Psalmen, eine der ältesten Formen der Verbindung von Sprache
und Musik, die nicht nur vorgetragen, sondern auch gesungen und manchmal von Instrumenten begleitet wurden,[300] so dass sie bis in die Neuzeit

---

298  SAID 2007, S. 21.
299  In vielen Gedichten sind zahlreiche und deutliche Verweise auf die aktuelle
      Politik in SAIDs Heimat zu finden. Siehe zum Beispiel die Psalmen 17., 20.,
      24. und 58. Ibid. S. 23, 26, 30, 64.
300  Aus dem Gottesdienst Israels hervorgegangen, wurden die Psalmen zunächst
      nur gesungen, im Gesang auch überliefert und erst nach einer langen Zeit
      mündlicher Überlieferung schriftlich festgehalten und gesammelt. Vgl. Bach/
      Galle, S. 19. Die Psalmen haben ihre Spuren nicht nur in der deutschen
      Literatur, sondern auch in der Musik hinterlassen. Mehr dazu bei Gerstmeier,
      August: *Die Deutung der Psalmen im Spiegel der Musik: Vertonungen des*

hinein nicht nur Dichter, sondern auch Komponisten wie Bach und Mendelssohn immer wieder fasziniert und zu Neuschöpfungen inspiriert haben. Von dieser religiösen Mischform beeindruckt und in einer gewissen Referenz an seine geistigen Vorbilder hat wohl auch der Autor seinen Psalmen einen musikalischen Ton unterlegt, der sich bei der Lektüre der Verse im ständigen Wechsel von Beschleunigungen und Verzögerungen zeigt. Als Beispiel sei hier stellvertretend der 70. Psalm zitiert:

> herr
> steh mir bei
> daß ich den tod nicht fürchte
> und in seinem gang etwas von jener ruhe entdecke
> die mir im leben vorenthalten war
> und gib daß diese ruhe
> den gang meines tagewerkes bestimme.[301]

Das sieben Verse umfassende Gedicht zeigt eine wechselnde Musikalität, die durch die metrische Abwechselung und durch die lexikalische und syntaktische Auswahl geschaffen wird. So laden die Verse 3 und 7 im Gefolge eines Enjambements zu einer eher schnellen Aussage des Gedankengangs ein, und ebenso der Vers 4, der der längsten Strophe des Textes folgt. Das diesen Zeilen innewohnende rasche Tempo lässt aber gleichsam Raum für eine langsamere Lektüre der restlichen Verse, die entweder wegen der Länge von Vers 4, oder der einleitenden Anrufung (Vers 1) oder der im Auftakt stehenden Imperativformulierung (Verse 2 und 6) zu einem eher traditionellen, bedächtigen Rhythmus führen.

Angesichts dieser offensichtlichen, wechselhaften Musikalität bei der Intonation der Gedichte scheut Dorothea von Törne sich daher nicht, SAIDs Psalmen als eine Sammlung von gebetsartigen Liedern zu bezeichnen.[302] Darin stimmt sie mit Andreas Puff-Trojan überein, wenn er schreibt, dass der Autor in seinem Buch wie die Psalmisten vor dreitausend Jahren

---

„De profundis" (Ps 130) von der frühchristlichen Psalmmelodie bis zu Arnold Schönberg. In: Becker, Hansjakob/Kczynski, Reiner (Hrsg.): Liturgie und Dichtung. Ein interdisziplinäres Kompendium. EOS-Verlag: St. Ottilien 1983, S. 91–130.
301  SAID 2007, S. 76.
302  Törne, Rufweite 2007.

singe.[303] Auch bei SAIDs Psalmendichtung, so Puff-Trojan weiter, könne man wie bei den biblischen Texten von einer gewissen „prägnanten Musikalität" sprechen, die tief alle Sinne anspreche und ihnen Ausdruck und Form gebe.[304] Dem kann man durchaus zustimmen, wenn man bedenkt, welchen Wert der Dichter, jenseits der Vielfältigkeit des klangvollen Tons, der Sinnlichkeit beimisst. Einige seiner Psalmen haben Sinnlichkeit und geschlechtliche Liebe geradezu als Hauptthema. Hier seien nur einige Beispiele zitiert: „so gib meinen lenden kraft/ damit ich ins fleisch meiner geliebten stoße/ um dich zu preisen/ wie auch ihr fleisch/ deine herrlichkeit erfasst" oder „herr/ ich glaube an das fleisch/ seine verschwendung und seine unbelehrbarkeit" und weiter „so lass uns an die dunkelheit rühren und/ an das zerrissene fleisch der liebe".[305]

Der Schriftsteller singt also seine 99 Lieder, die aber auf kein bestimmtes autoritäres Wesen anspielen und anders als die traditionellen Psalmen nicht von einer religiösen, andächtigen und konfessionellen Stimmung getragen werden. Ihr Hintergrund ist der große Lärm und das ständige Getöse des Alltags, die Hektik der Supermärkte, in denen Leute sich versammeln und die Handys andauernd klingeln: „meine gebete sinken in die geräusche des tages hinab".[306]

Insgesamt fallen neben offensichtlichen Parallelen mit den heiligen Texten in SAIDs Psalmen die Unterschiede noch stärker auf: der außergewöhnliche Gebetscharakter und der wechselhafte Ton der Gedichte, die Gleichwertigkeit der beiden Gesprächspartner, der aktualisierende Inhalt. Und schließlich versteht der iranisch-deutsche Autor seine Psalmen zwar als Entwürfe zu Gebeten, aber nicht als Gebete schlechthin.[307] Sie sind undogmatisch, beanspruchen keine religiöse Autorität und, wie SAID betont: „herr/ ich weigere mich/ das gebet als waffe einzusetzen".[308]

---

303  Törne, *Engel* 2007; Puff-Trojan, Andreas: „Glauben jenseits aller Dogmen. ,Psalmen': ein neues Buch und ein Gespräch mit dem Autor". *Münchner Merkur* 22.5.2007.

304  Puff-Trojan 2007.

305  SAID 2007, S. 66, 74, 75.

306  Ibid. S. 97.

307  Vgl. Hartung, Harald: „Entwürfe zu Gebeten". *Frankfurter Allgemeine* 12.2.2008.

308  SAID 2007, S. 49.

In Bezug auf den Gebetscharakter des saidschen Werkes sind noch einige Besonderheiten herauszustellen. Im Unterschied zu den biblischen Psalmen, in denen – selbst wenn ein Ich als Sprecher auftritt – keine individuellen Meditationen zu finden sind, da die Einzelklagen kein persönliches Schicksal enthalten, sondern vielmehr die allgemeinen und verbindenden Erfahrungen des gesamten Gottesvolkes zum Ausdruck bringen, sind SAIDs Psalmen hingegen ganz individuelle Gebete. Bei ihm sind, wie im Folgenden gezeigt wird, sowohl die Versformen nach unterschiedlichen Tempo gestaltet, als auch Länge und Inhalt Ausdruck der subjektiven Gebetsform, bei der auch die Sprache keinem Muster folgt und ihre eigenen Regeln hat. Die Sprache der *Psalmen,* und überhaupt die saidsche Sprache, ist Bezeichnung der Individualität des Autors und entspricht ganz seiner persönlichen Situation. So finden wir an verschiedenen Stellen des Werkes nicht nur Beispiele für die Eigenwilligkeit des Schriftstellers bei der Anwendung der deutschen Sprache: „und fürchte dich nicht vor meinem wort"; „mein wort belauscht die steine/ um einen weg zu dir zu finden/ so schweige und höre die gangart meiner sprache"[309] sondern auch deutliche Anspielungen auf sein Leben, wenn er zum Beispiel schreibt: „herr/ begreife/ ich will nicht unterworfen sein/ nicht durch das wort nicht durch das schwert [...] und fürchte dich nicht vor meinem wort/ denn es sucht dich mit mir zu verbinden"; „und gibt mir gelassenheit/ mein exil zu ertragen/ diese lange schlaflosigkeit/ die mich mit meinem tod versöhnen will" oder „gib daß mein exil verlierbar bleibe/ wie auch die heimat".[310] Er widmet seiner persönlichen Erfahrung als Exiliertern sogar ein ganzes Gedicht (der 58. Psalm), das etwa in der Mitte des Werkes steht:

siehe oh herr
auf meiner wanderung bin ich gewachsen
und habe das flüstern nicht verlernt
gib daß ich das bindeglied begreife
zwischen dem folterknecht und dem gefolterten
daß der ort der ankunft sich wandle
durch meine flucht

---

309   Ibid. S. 23, 80.
310   Ibid. S. 23, 55, 67.

und bete für mich
damit die häuser sich nicht verhärten
die ich verlassen habe.[311]

Der Psalm besteht aus 10 Versen, die Ähnlichkeiten, aber auch Unterschiede zur Metrik der alten biblischen Psalmen aufweisen. Gemeinsam ist beiden das Fehlen des Reims, des Weiteren die Arbeit mit dem Klang und die Setzung der Pausen, die keiner festgelegten metrischen Form folgt. Dies entspricht der willkürlichen Vorgehensweise SAIDs. Ist in den biblischen Psalmen immer ein vollständiger Satz der Bedeutungsträger, so trägt hier vielmehr jedes einzelne Wort ein ganzes Konzept bzw. ein durchdachtes Gefühl in sich. So lassen im vorliegenden 58. Psalm die Wörter: wanderung, folterknecht, gefolterten, flucht und verlassen, den Sinn des Gedichtes klar erkennen und sie brauchen den Kontext kaum: Sie umfassen das ganze Leben des Autors.

Der Psalm beginnt mit dem Imperativ „siehe", dem später noch zwei weitere „gib", „bete" folgen. Der Dichter beginnt diesen Psalm mit einer der beiden typischen Anfangsvarianten[312] „siehe oh herr", die fast wie ein Befehlsausdruck wirkt, trotz der direkt auf den Imperativ folgenden Interjektion „oh", die wie die Anrufung des Bedürftigen bzw. Untergeordneten klingt. Im Gedicht folgen noch weitere unverkennbare Imperative, die als Aufmerksamkeitsruf dienen können.

Schon im zweiten Vers findet sich eine Anspielung auf SAIDs Lebenserfahrung, die gleich danach mit der Konjunktion „und" die erste lange Pause des Gedichtes einleitet: der Lyriker mag durch diese Atempause seine Leser zu einem Halt – zur persönlichen Überlegung – anregen. Gleiches gilt für den 8. Vers, der auch mit einer Konjunktion beginnt. Doch während „und" im zweiten Vers einen autobiographischen Zug einleitet, d.h. die Erinnerung an seine erste gewisperte ängstliche Anklage gegen die

---

311  Ibid. S. 64. In *Psalmen* kommt auch die politische Perspektive des Autors zum Ausdruck: „herr/ bewohne meine stille/ bis du und ich/ die gebärden der verstoßenen entziffern", „herr/ schenke den verstummten deine stimme/ so wächst dann/ aus ihrer betrachtung die rebellion". Ibid. 56, 71.

312  Zahlreiche Psalmen beginnen mit „herr" oder der Variante „siehe oh herr" oder „siehe herr", so dass man geradezu von saidschen Anrufungsformeln sprechen kann. Sehr wenige Psalmen haben eine andere Anfangsvariante. Ibid. S. 24, 33, 39, 62, 63, 80, 84.

iranische Politik, führt der 8. Vers eine andere, strenge Aufforderung an den „herrn" ein, in der der Autor appelliert, für ihn zu beten.

Die Mitte des Gedichtes ist durch zwei Enjambements zwischen den Versen 4 und 5 sowie 6 und 7 gekennzeichnet. Hier beschleunigt sich der Rhythmus auch durch das Fehlen der Interpunktion und einen sehr freien und unstrukturierten Satzbau. Die erzielte Beschleunigung verleiht der Versaussage ein gewisses Pathos, so dass die dort enthaltenen Wörter – wie in einem Atemzug ausgesprochen – nachdrücklich hervorgehoben werden: die zwei Heimaten (das Vaterland Iran und das Gastland Deutschland), die Gegenüberstellung zwischen „folterknecht" und „gefolterten", die somit unheimlich zusammenrücken.

Doch die drei Imperative geben dem Psalm, trotz der Leichtigkeit des raschen Tempos eine entschlossen feste Note; der „herr" wird, so scheint es, aufgefordert, etwas für den Autor zu tun. Mag es mit der Formulierung „siehe" noch eher darum gehen, die Aufmerksamkeit des „herrn" auf sich zu lenken, so verweisen die Imperative „gib" und „bete" auf eine Reihe von Wünschen, ob sie aber erfüllbar sind? Durch die Imperativform „gib" erstrebt SAID die Hilfe des „herrn", um zu begreifen, was er selbst sein Leben lang nicht verstanden hat, und wohl nie wird, und zwar die totalitäre Politik Irans. Auch mit dem folgenden Imperativ, „gib", ist der „herr" gefragt, damit sich das verwirklicht, was unverwirklichbar scheint: dass Deutschland, der „ort der ankunft", wo man seit langem den iranischen Ereignissen passiv zuschaut und nichts entscheidet, endlich wirksam Stellung bezieht. Und schließlich folgt sogar eine Aufforderung an den „herrn", dass er beten soll („bete" im 8. Vers), damit die von ihm verlassenen und geliebten Orte nicht infolge des iranischen Regimes „hart" werden – was durch die zahlreichen Todesurteile und Verfolgungen leicht der Fall sein kann. Ob wenigstens ein Gebet des „herrn" etwas bewirken kann?

Die bisher analysierten Merkmale mögen belegen, dass das Werk des iranisch-deutschen Schriftstellers, dank der Mischung zwischen alt und neu, religiösen Zügen und saidschen poetischen Mitteln, eine moderne Auseinandersetzung mit der hebräisch-christlichen Tradition darstellt. Hans Meier hebt in seinem Nachwort hervor, dass die Psalmen exklusiv Gemeingut der Juden und Christen sind und, dass trotz der formalen Berührungen zwischen der Dichtung der Juden und der Orientalen, wie der Vorrang des Gesprochenen und Gesungenen vor dem schriftlich

Fixierten und die gemeinsame rhythmische Kraft, diese Gebetsform keine Entsprechung im Koran findet. Um so höher ist nach Meier die meisterhafte Bearbeitung der Psalmen durch SAID einzuschätzen, der damit etwas Neues schaffe.[313]

Neben stilistischen Neuerungen weist SAIDs Psalmendichtung, wie schon die Analyse des 58. Psalms zeigte, auch inhaltlich einige wichtige Unterschiede zu den biblischen Psalmen auf. Berichten diese von Freude und Leid, Liebe und Tod, Glaube und Glaubensnot, äußern Lobpreis und Klage, Verzweifelungsrufe, Dank und Bitte, so bearbeitet der Schriftsteller diese Stoffe zusammen mit Themen wie Gerechtigkeit, Wahrheit und Lüge, sowie Liebe und Tod in Zusammenhang mit unserer Zeit und unter Bezugnahme auf seine persönlichen Erfahrungen. Damit gibt er den heutigen Frommen jeder Glaubensrichtung Anlass zum Nachdenken.

Hier scheint aber wichtig zu betonen, dass nicht nur die aktuelle Situation des Autors in seinen Psalmen zur Sprache kommt, sondern auch die moderne Umwelt mit ihren lauten globalen Märkten und den neuesten Experimenten der Gentechnik: „herr/ rufe deine namen laut und deutlich/ denn hier auf dem globalen markt/ versteigert man jeden/ der schweigt [...] die tauben gurrunfähig zu züchten/ und das wachstum der bäume zu optimieren".[314] Das Beunruhigende der heutigen Zeit wird aber nicht ganz klar dargestellt und es fällt auf, dass SAID nicht eindeutig Position bezieht. Denn einerseits bittet er den „herrn", ihn vor der grausamen heutigen Epoche zu retten, andererseits aber möchte er Hilfe, um mit seiner Zeit adäquat in Verbindung treten zu können.[315]

Man gewinnt also den Eindruck, SAID spiegele in seinen Versen die aktuelle Ambivalenz dieser modernen Zeiten ziemlich genau wider, die heftig kritisiert, aber gleichzeitig auch für die erreichten Fortschritte in allen wissenschaftlichen Bereichen hoch gelobt und geschätzt werden.

---

313  Meier 2007, S. 108–109.
314  SAID 2007, S. 99.
315  In einem Gedicht schreibt SAID: „und rette mich/ oh herr/ vor abgerundeten fakten" während es in einem anderen Text heißt: „verbinde mich mit meiner zeit/ der ich entlaufen bin/ und verhilf dieser/ mich wieder zu ertragen". Ibid. S. 61, 57.

Während die alten biblischen Psalmen von Religion und frommem Verhalten handeln, geht es hier vielmehr um die offenen, unbeantworteten Fragestellungen des Autors hinsichtlich der Existenz eines Gottes. Obwohl er keine Kirche oder Moschee besucht, betont der Dichter sehr oft, wie wichtig ihm seine Religiosität ist, und wie stark er sie ständig verteidigt. Hier, wie schon in *Ich und der Islam*, spürt man die immer prägende intensive Religiosität SAIDs, die er vor den vielen falschen Interpretationen von Gottes Wort zu retten versucht. Er beharrt unerschütterlich auf seinem Glauben, und jenseits aller Konfessionen und Konventionen, jenseits christlicher oder islamischer Dogmen ist seine Religiosität in *Psalmen* eine sehr persönliche, die in der Anrufung und in direkten Gesprächen mit seinem „herrn" ihren Ausdruck findet.[316]

Er glaubt an ein namenloses Wesen und möchte sich in einen wortlosen Raum der Nähe zu ihm begeben, aber da er nichts von ihm weiß, sucht immer weiter. Der Autor gesteht, er suche einen persönlichen Gott, den Gott, den es nicht gibt.[317] Sein Objekt der Suche ist etwas, das jenseits der Menschen existiert. Sich selbst bezeichnet SAID als einen Suchenden nach etwas anderem, das er aber nicht benennen kann, weswegen er es einfach bei einem fiktiven „herr" belässt. Man könnte aber weiter vermuten, dass an der Stelle dieser langen Suche nach einem unbekannten und namenlosen „herrn" eigentlich er selber steht, so wie jeder Mensch, der in der Welt auf der Suche nach sich selbst und seiner Zukunft ist.

Die für den Autor so wichtige „Suche" zeigt sich tatsächlich als eine Grundlage seiner Religiosität, aber was bedeutet sie eigentlich für ihn? Die Suche, die einer echten „quête" ähnelt, ist das Grundmotiv all seiner Gedichte, und schon die häufige Wiederholung dieses Worts in den Texten gilt als klares Zeichen der Wichtigkeit, die SAID ihr zuweist.[318] „Auf der Suche" könnte sogar als Motto über dem ganzen Gedichtband stehen, und damit wäre auch die Religiosität des Autors treffend beschrieben. Suche impliziert, dass man etwas noch nicht gefunden hat, d.h. dass man sich immer neue Fragen stellt, und dass man dabei ist, ständig zu forschen.

---

316  So auch Puff-Trojan 2007.
317  Hildmann 2008.
318  „suche", genau so wie „wort", kommen in verschiedenen grammatikalischen Varianten sehr häufig in den Texten vor.

Es scheint, dass der Lyriker jede Glaubenssicherheit bewusst hinterfragen möchte, er nimmt nichts als wahr an, er hat keine Sicherheit, kein konkretes Gottesbild und wahrscheinlich will er auch keines haben, sonst wäre seine Suche zu Ende. Diese ständige Suche bedeutet für ihn, wie Hans Meier betont, eine sehr weitreichende Offenheit in Verbindung mit Selbstzweifeln gegenüber der eigenen Religiosität, die individuelle Überlegungen und Selbstkritik zulässt. Wenn er also in Fragen der Religion zwar keine Sicherheit hat, so ist er doch davon überzeugt, dass die Antwort auf alle seine Fragen nicht bei den Menschen zu finden ist, da diese die ursprünglichen Botschaften aller Religionen verfälscht haben. Nicht die Religionen, die er immer respektiert, haben den Glauben entstellt, sondern die Menschen sind daran schuld.[319] Andererseits scheint er die Menschen nicht gänzlich zu verurteilen, wenn er gleichzeitig behauptet, dass der Mensch mit allen seinen Fehlern, mit seinen positiven und negativen Eigenschaften für ihn im Mittelpunkt steht und zu eben diesen Menschen zählt er sich selbst.[320] Was er aber nicht akzeptieren kann, sind die brutalen Taten im Namen Gottes, die religiöse Menschen begangen haben und noch immer begehen. Denn für ihn steht fest, dass Religion nicht mit Politik vermengt werden sollte. Sie müssen strikt getrennt werden und der Mensch muss die Freiheit haben, nach einer eigenen Religiosität, nach einem einzigartigen und persönlichen Gott suchen zu können. SAID betont, der Mensch solle sich bei seiner Suche frei und respektiert fühlen und sich bewegen können, ohne irgendwelche Vermittlung durch Priester oder vorgeschriebene Interpretationen der heiligen Schriften. Dem Autor zufolge ist es das Recht jedes Einzelnen, seinen Weg zu Gott zu suchen

---

319 SAID erzählt oft, dass die jüdischen und christlichen Spielkameraden seiner Schule während des Fastenmonats Ramadan aus Respekt vor den muslimischen Mitschülern ebenfalls nicht gegessen haben. Diese Erinnerung der Demonstration großer religiöser Rücksichtnahme bewahrt der Autor in seinem Herzen und sie gilt ihm als Beweis, dass in seiner Kindheit mehr Verständnis und Brüderlichkeit im Iran herrschte.

320 Auch aus diesem Grund wurden SAIDs Psalmen von Rabbiner Brandt während der Veranstaltung *Trialog der Kulturen* sehr heftig kritisiert. Er behauptet, die Texte des Autors können nicht mit den jüdischen Psalmen verglichen werden, da diese deutlich die Liebe zu Gott, dem Schöpfer aller Dinge im Zentrum haben, auch wenn er nicht zu sehen ist, auch wenn Bitten oder Klagen an ihn gerichtet werden.

und zu gehen, und dazu sollte er auch die Möglichkeit haben. In der Frage scheint er völlig mit Papst Ratzinger, der im 99. Psalm angedeutet wird, übereinzustimmen. Vor seiner Papstwahl erklärte Ratzinger in einem Gespräch hinsichtlich der Anzahl der unterschiedlichen Wege zu Gott, es gebe so viele, wie es Menschen auf der Erde gebe.[321]

Der Dichter scheint fest davon überzeugt, dass der Respekt vor allen Konfessionen auch vor jeglicher Art von Fundamentalismus und Extremismus schütze, der sonst Anhänger einer Religion Andersgläubige bekämpfen lässt. In diesem Zusammenhang berichtet er während der Veranstaltung *Trialog der Kulturen* von einem Ereignis, das für ihn als ein Beispiel des Respekts und des möglichen Dialogs zwischen den Kulturen und Religionen gilt: der Rektor der Al-Azhar-Universität in Kairo habe einmal den Erzbischof von Canterbury zu einem Vortrag eingeladen und damit einen Skandal in der islamischen Welt erregt. Unter Berufung auf den Koran habe er daraufhin geantwortet, dass Gott nicht nur ein Volk geschaffen hat, sondern verschiedene Völker mit unterschiedlichen Mentalitäten, Sitten und Religionen. Dieser Meinung schließt sich SAID an, wenn er betont, dass es viele unterschiedliche Wege zu Gott gibt, da viele Menschen je anderen Glaubens auf der Welt leben. Dies erinnert freilich an die berühmte Ringparabel in Lessings *Nathan der Weise*, mit der die titelgebende Hauptfigur den Toleranzgedanken veranschaulicht, demgemäß die Menschen sich in ihrer Verschiedenheit akzeptieren sollten und der Wert der Religionen in ihrem Streben nach Wahrheit und helfender Menschenliebe bestehe.

Ein Gott, ein Wesen oder in SAIDs Worten ein „herr" ist also präsent, obwohl der Dichter nicht weiß, wo er zu finden ist und „was" er wirklich ist. Er behauptet weiter, dass die Antwort nur in der Bewegung in Richtung zu Gott hin besteht. Wirklich wichtig ist ihm die Suche, das Streben und die ständige Anspannung auf etwas hin, von dem man nicht weiß, ob es

---

321 Vgl. Ratzinger, Joseph: *Salz der Erde. Christentum und katholische Kirche im neuen Jahrtausend. Ein Gespräch mit Peter Seewald.* Heyne: München 2004 (6. Ausgabe), S. 35. Auf Papst Ratzinger verweist der Autor ganz deutlich in dem 99. Psalm, der letzte Psalm, in dem er schreibt: „herr/ hörst du das geschrei der menge?/ sie haben einen neuen gott gefunden". SAID 2007, S. 105.

erreichbar ist. Was der Autor aber ganz genau weiß, ist, dass er den Weg zu
Gott nur in sich selbst und in der Natur finden kann. In seinen Gedichten
findet man ebenso wie in *Ich und der Islam* zahlreiche Hinweise auf
Naturelemente wie Steine, Bäume, Tiere oder Blumen, die ihm als Mittel
dienen, einen ganz persönlichen Kontakt zum „herrn" herzustellen.[322] Sehr
gut lässt sich diese durch die Natur vermittelte Spiritualität des Autors an
Psalm 34 nachweisen:

> herr
> rufe deine engel mit ihrem klirrenden stolz
> in den himmel zurück
> und lass auf der erde brotkrumen für uns
> siehe herr
> ich lobe dich
> bis du auf der erde bist
> nah bei mir und dem gras
> siehe
> die rose betet und wartet auch.[323]

Auch hier, wie in dem oben analysierten 58. Psalm, liegt ein Gedicht
von 10 reimlosen Versen vor. Der rasche Rhythmus der Aussage wird von
drei kaum angedeuteten Pausen unterbrochen, die in Vers 4 durch die
Konjunktion „und", in den Versen 5 und 9 durch den Anfang eines neuen
Satzes gebildet werden, eingeleitet jeweils mit dem Imperativ „siehe". Der
Psalm beginnt mit der am häufigsten verwendeten Anrufung „herr", auf
die aber gleich ein Imperativ folgt. Es wird deutlich, dass SAID für den
„herrn", mit dem er sich ohne Umschweife in Verbindung setzt, auch
gleich einen Auftrag hat: er soll seine auf die Erde geschickten Engel in
den Himmel zurückrufen. Das Kennzeichen dieses Psalms besteht besonders in der Anwendung der zwei üblichen Anfangsvarianten der saidschen
Psalmen im Text. Die Anrufung „herr" aus Vers 1 wird im 5. Vers durch
die Formulierung „siehe herr" variiert. Es scheint, als ob der Schriftsteller
sich im Verlauf des Gedichtes noch einmal der Aufmerksamkeit seines
Gesprächpartners versichern möchte und deshalb unterbricht er den
Fluss der Wörter genau in der Mitte des Psalms und wiederholt die
Anrufungsform.

---

322  Ibid. S. 14, 35–37, 40, 41, 48, 56, 80, 84, 100.
323  Ibid. S. 40.

Psalm 34 weist wie Psalm 58 drei Imperativformen auf, und zwar in Vers 2 „rufe", in Vers 4 „lass" und in Vers 5 „siehe", wobei die letzte im 9. Vers wiederholt wird. Und auch in der Verwendung von zwei Enjambements lässt sich eine Parallele zu Psalm 58 feststellen. Ein Enjambement findet sich zwischen den Versen 2 und 3 und ein weiteres, genauso wie in dem 58. Gedicht, zwischen dem 6. und 7. Vers.

Beachtung verdient aber besonders die Aufforderung, die der iranisch-deutsche Lyriker an den „herrn" richtet, seine Engel zurückzurufen; ihr entspricht nämlich am Ende des Psalms der Wunsch des Autors, den „herrn" selbst auf der Erde zu haben. Daran lässt sich deutlich die tiefe Abneigung SAIDs gegen Glaubensmittler jeglicher Art ablesen, wie sie auch in den Psalmen 19, 24, 25, 54, 55, 90, 99, zum Ausdruck kommt. Vermittlung, so SAIDs Credo, verfälscht die wahre und reine Bedeutung der Religion für den Menschen.

Was der Schriftsteller unter Religion versteht, kommt in den Versen 6 ff. dieses Psalms zum Ausdruck: Religion ist für ihn Lob des „herrn" und Nähe zu ihm in der Natur. Diese Natur ist der Ort, wo der Dichter nach seinem „herrn" sucht. Sie wird versinnbildlicht durch das Gras in Vers 8 und die Rose in Vers 10, die, genau wie der Autor, auf Erden die Ankunft des „herren" erwarten. Es bleibt festzustellen, wie die Natur hier in ihrer Vollständigkeit durch eine Art biblischen Merismus dargestellt wird. Dieser Merismus, häufig in den traditionellen religiösen Psalmen ange-wandt, stellt die Totalität mittels des Verweises auf zwei Extreme dar, bei-spielsweise Nacht und Morgen oder, wie im vorliegenden Psalm, Himmel und Erde – wobei die Erde – Vers 4 und 7 – womöglich den Himmel – Vers 3 – an Bedeutung überragt.

Die ständige Abwehr jeden religiösen Rummels, wie er sich zum Beispiel im Geschrei der Menge vor einem neuen Papst,[324] einem Stellver-treter Gottes auf Erden, äußert, die andauernde Ablehnung irgendwelcher

---

324 Es heißt: „herr/ hörst du das geschrei der menge?/ sie haben einen neuen gott gefunden/ aber auch der weiß alles/ liebt es gedemütigt durch die welt zu gehen/ rechnet und ruft/ so ist auch er zum verzehr gezüchtet". Ibid. S. 105.

Vermittler, die sich in seine persönliche Suche nach seinem Idealbild eines Gottes und in den Versuch, einen direkten Kontakt mit ihm aufzubauen, einmischen könnten, – dies alles finden wir in SAIDs Psalmen. Sie liefern damit einen weiteren Beleg für die tiefe und empfindsame Religiosität des Autors, der, ohne einer Konfession anzugehören, an die Existenz von etwas anderem glaubt, das er tief innerlich respektiert.

# Literaturverzeichnis

## Primärliteratur

Canetti, Elias: *Die Fackel im Ohr. Lebensgeschichte 1921–1931*. Hanser Verlag: München/Wien 1980.

Goethe, Johann Wolfgang: *Zur Farbenlehre*. Cotta: Tübingen 1810.

Kosseleck, Reinhart: *Geschichtliche Grundbegriffe: Historisches Lexikon zur politisch-sozialen Sprache in Deutschland*. Klett Cotta: Tübingen 1972.

Novalis: „Novalis Schriften". In: Tieck, Ludwig/Schlegel, Friedrich (Hrsg.): *Heinrich von Ofterdingen*. Reimer: Berlin 1837, (5. Auflage).

Özdamar, Emine Sevgi: *Das Leben ist eine Karawanserei • hat zwei Türen • aus einer kam ich rein • aus der anderen ging ich raus*. Kiepenheuer & Witsch: Köln 1992.

– *Die Brücke vom Goldenen Horn*. Kiepenheuer & Witsch: Köln 2005.

Ratzinger, Joseph: *Salz der Erde. Christentum und katholische Kirche im neuen Jahrtausend. Ein Gespräch mit Peter Seewald*. Heyne: München 2004, (6. Ausgabe).

SAID: *Dann schreie ich, bis Stille ist*. Heliopolis: Tübingen 1990.

– *Selbstbildnis für eine ferne Mutter*. Peter Kirchheim: Munchen 1992.

– *Liebesgedichte von SAID*. Peter Kirchheim: München 1996, (5. unveränderte Auflage).

– *Wo ich sterbe ist meine Fremde*. Peter Kirchheim: München 2000, (5. Auflage).

– *Clara*. NP Buchverlag: St. Pölten/Wien/Linz 2001.

– *Dieses Tier, das es nicht gibt*. C.H. Beck: München 2001[2].

– *Der lange Arm der Mullahs: Notizen aus meinem Exil*. C.H. Beck: München 2001[3].

– *Aussenhaut Binnenträume*. C.H. Beck: Munchen 2002.

– *Landschaften einer fernen Mutter*. Deutscher Taschenbuch Verlag: München 2003[3].

- *auf den leib.* Lounge: Munchen 2004.
- *In Deutschland leben.* C.H. Beck: München 2004.
- *Es war einmal eine Blume.* Neugebauer Verlag: Salzburg 2004².
- *Ich und der Islam.* C.H. Beck: München 2005.
- *Das Rot lächelt, das Blau schweigt. Geschichten über Bilder.* C.H. Beck: München 2006.
- *Sei Nacht zu mir.* C.H. Beck: Munchen 2006 (3. Auflage).
- *Psalmen.* C.H. Beck: München 2007.
- *Der Engel und die Taube.* C.H. Beck: München 2008.
- *Das Haus, das uns bewohnt.* Lyrikkabinett: München 2009.
- *Ruf zurück die Vögel.* C.H. Beck: Munchen 2010.
- *Das Niemandsland ist unseres.* Diederichs: München 2010.
- *Ein Brief an Simba.* Verlag Sankt Michaelsbund: Munchen 2011.
- *Hans mit der Hütte.* Verlag Sankt Michaelsbund: Munchen 2012.
- *parlando mit le phung.* Steidl: Göttingen 2013.

## Sekundärliteratur

Ackermann, Irmgard: „Psalmendichtung aus der Außenperspektive". *Stimmen der Zeit* (Bd. 226) Heft 3, 2008, S. 185–196.

Aifan, Uta: *Araberbild. Zum Werk deutsch-arabischer Grenzgängerautoren der Gegenwart.* Shaker Verlag: Aachen 2003.

- „Über den Umgang mit Exotismus im Werk deutsch-arabischer Autoren der Gegenwart". In: Schenk, Klaus/Todorow, Almut/Tvrdik, Milan (Hrsg.): *Migrationsliteratur: Schreibweisen einer interkulturellen Moderne.* Francke A. Verlag: Marburg 2004, S. 205–220.

Anonym: „Vom Terror des Schahregimes zum Blutrausch der Islamischen Republik". *Kürbiskern*, 1985, S. 155–159.

Apel, Friedmar: *Die Zaubergärten der Phantasie: Zur Theorie und Geschichte des Kunstmärchens.* Carl Winter: Heidelberg 1978.

Auteri, Laura: *Nel regno «del dis-umano». Uno studio sull'epopea degli animali nella Germania tardo-rinascimentale.* Guerini: Milano 1990.

Bach, Inka/Galle, Helmut: *Deutsche Psalmendichtung vom 16. bis 20. Jahrhundert. Untersuchung zur Geschichte einer lyrischen Gattung.* De Gruyter: Berlin 1989.

Baginski, Thomas: „Von Mullahs und Deutschen: Annäherung an das Werk des iranischen Exillyrikers Said". *The German Quarterly* 74(1), 2001, S. 21–35.

– „SAID". In: Amoia, Alba/Knapp, Bettina L. (Hrsg.): *Multicultural Writers since 1945: an A-to- Z Guide.* Greenwood Press: Westport 2004, S. 442–446.

Blödorn, Andreas: „Migration und Literatur – Migration in Literatur. Auswahlbibliographie (1985–2005)". In: Abel, Julia u.a. (Hrsg.): *Literatur und Migration.* Sonderband Text + Kritik: Göttingen 2006, S. 266–272.

Brunner, Maria E./Perrone Capano, Lucia/Gagliardi, Nicoletta: *Deutsch-italienische Kulturbeziehungen als Seismograph der Globalisierung in Literatur, Übersetzung, Film, Kulturarbeit und Unterricht.* Königshausen & Neumann: Würzburg 2014.

Camartin, Iso: „Nur nicht stehen bleiben! Preisträger des Chamisso-Preises. Der Dichter Said". *Schweizer Monatshefte* 12(1), 2006, S. 45–52.

Chiellino, Carmine: *Die Reise hält an. Ausländische Künstler in der Bundesrepublik.* C.H. Beck: München 1988.

Chiellino, Gino: *Literatur und Identität in der Fremde. Zur Literatur italienischer Autoren in der Bundesrepublik.* Neuer Malik: Kiel 1989.

Di Bella, Arianna: „Said, il poeta ribelle che ama le fiabe". *In* Verbis 1, 2013, S. 87–115.

– „Emine Sevgi Özdamar – Eine Weltbürgerin auf der Bühne zwischen Vergangenheit, Gegenwart und Zukunft". In: Roloff, Hans-Gert (Hrsg.): *Jahrbuch für Internationale Germanistik. Sonderdruck*, (1), Peter Lang: Bern/Berlin 2013, S. 153–166.

– „Zur Funktion der Tiere in einigen Erzählungen Kafkas". In: Neumeyer, Harald/Steffens Wilko (Hrsg.): *Kafkas Betrachtung.* Königshausen & Neumann: Würzburg 2013, S. 41–51.

Fennell, Barbara: *Language, Literature and the Negotiation of Identity: Foreign Worker German in the Federal Republic of Germany.* The University of Carolina Press: Chapel Hill, London 1997.

Fingerhut, Karlheinz: *Die Funktion der Tierfiguren im Werke Franz Kafkas. Offene Erzählgerüste und Figurenspiele.* Bouvier: Bonn 1969.

Gajrani, Shiv: *History, Religion and Culture of India.* Gyan Publishing House: New Delhi 2004.

Gerstmeier, August: *Die Deutung der Psalmen im Spiegel der Musik: Vertonungen des „De profundis" (Ps 130) von der frühchristlichen Psalmmelodie bis zu Arnold Schönberg.* In: Becker, Hansjakob/ Kczynski, Reiner (Hrsg.): *Liturgie und Dichtung. Ein interdisziplinäres Kompendium.* EOS-Verlag: St. Ottilien 1983, S. 91–130.

Grätz, Manfred: *Das Märchen in der deutschen Aufklärung: vom Feenmärchen zum Volksmärchen.* J. B. Metzlersche Verlagsbuchhandlung: Stuttgart 1988.

Gusatto, Alessandra: *Analyse der Träume in der Erzählung „Landschaften einer fernen Mutter" von SAID.* Grin: Mainz 2008.

Herrmann, Christina: *Transgressing liminal spaces: Three perspectives of the Iranian dilemma & exile in Germany.* ProQuest: Ann Arbor 2010.

Hofmann, Michael/von Stosch, Klaus: *Islam in der deutschen Literatur. Beiträge zur komparativen Theologie.* Ferdinand Schöningh: Paderborn 2012.

Johnson, Sheila: „Literatur von deutschschreibenden Autorinnen islamischer Herkunft". *German Studies Review* 20(2), 1997, S. 262–278.

Kremer, Detlef: „Kafka. Die Erotik des Schreibens. Schreiben als Lebensentzug". In: Liebrand, Claudia (Hrsg): *Franz Kafka. Neue Wege der Forschung.* Wissenschaftliche Buchgesellschaft: Darmstadt 2006, S. 75–86.

Körber, Patrick: *Franz Kafka: Forschungen eines Hundes eine motivgeschichtliche Untersuchung – Zwischen Distanz und Nähe – Eine Interpretation.* Grin: Frankfurt a.M. 2004.

Kurz, Paul Konrad: *Psalmen vom Expressionismus bis zur Gegenwart.* Herder: Freiburg 1978.

Luzzato, Lia/Pompas, Renata: *Il significato dei colori nelle civiltà antiche.* Bompiani: Milano 2010.

Meier, Frank: *Mensch und Tier im Mittelalter.* Thorbecke: Ostfildern 2008.

Mina, Nima: „SAID. Un portrait". *Tangence* 59, 1999, S. 112–120.

Murray, Nicholas: *Kafka und die Frauen.* Artemis & Winkler: Düsseldorf 2007.

Nell, Werner: „Zur Begriffsbestimmung und Funktion einer Literatur von Migranten". In: Amirsedghi, Nasrin/Bleicher, Thomas (Hrsg.): *Literatur der Migration.* Donata Kinzelbach Verlag: Mainz 1997, S. 34–48.

Obermaier, Sabine: *Tiere und Fabelwesen im Mittelalter.* De Gruyter: Berlin 2009.

Palermo, Silvia: *„Transculturalità e traduzione: la lingua di Özdamar e Demirkan".* In: Palusci, Oriana (Hrsg.): *Traduttrici. Female Voices across Languages,* Bd. I. Tangram Edizioni Scientifiche: Trento 2011, S. 213–227.

Perrone Capano, Lucia: „Narrative heterogener Kulturen jenseits der Dichotomien: Emine und Yoko Tawada". In: Öhlschläger, Claudia (Hrsg.): *Narration und Ethik.* Fink: München 2009, S. 293–303.

Pugliese, Rosaria: *Franco Biondi – Grenzgänger der Sprachen, Wanderer zwischen den Kulturen. Erfahrungen der Fremde und ihre literarische Verarbeitung im Spiegel von Franco Biondis Prosa.* Peter Lang: Frankfurt a.M. 2006.

Reeg, Ulrike: „Abitare la lingua. Franco Biondi nel contesto della Migrantenliteratur in Germania". In: Gallo, Pasquale (Hrsg.): *Die Fremde. Forme d'interculturalità nella letteratura tedesca contemporanea.* Schena Editore: Fasano 1998, S. 89–107.

Rouby, Francine: „Said Bewegung bis zur Ent-Fremdung. Ein Portrait". *Germanica* 38, 2006, S. 157–171.

Salabè, Piero: „Lo sguardo dello straniero. Incontro di Piero Salabè con il poeta SAID, il ,felice'". *Lo straniero* 83, 2007.

Sartorius, Joachim: „Laudatio auf SAID", Weimar 22.3.2006.

Scharf, Kurt: „Zuflucht bei der deutschen Sprache. SAID: ein persisch-deutscher Autor". *Iranistik* 8, 2005/2006, S. 49–59.

Schenda, Rudolf: *Who's who der Tiere: Märchen, Mythen und Geschichten*. Deutscher Taschenbuch Verlag: München 1998.

Schiwy, Günther: *Rilke und die Religion*, Suhrkamp: Frankfurt a.M. 2006.

Schuth, Dietmar: *Die Farbe Blau: Versuch einer Charakteristik*. Lit: Münster 1995.

Thüne, Eva-Maria: „«Lo scavo delle parole»: scrivere e riflettere sulla lingua nei testi di Emine Sevgi Özdamar". In: Cantarutti, Giulia/Filippi, Maria Paola (Hrsg.): *La lingua salvata. Scritture tedesche dell'esilio e della migrazione*. Edizioni Osiride: Rovereto 2008, S. 107–125.

– „Dove confluiscono i fiumi: poeti plurilingui in Germania". In: Thüne, Eva-Maria/Leonardi, Simona (Hrsg.): *I colori sotto la mia lingua: scritture transculturali in tedesco*. Aracne: Roma 2009, S. 115–149.

Wagner-Egelhaaf, Martina, u.a.: *Transkulturalität. Türkisch-deutsche Konstellationen in Literatur und Film*. Aschendorff Verlag: Münster 2007.

Weber, Angela: *Im Spiegel der Migrationen. Transkulturelles Erzählen und Sprachpolitik bei Emine Sevgi Özdamar*. Transcript Lettre: Bielefeld 2009.

Wertheimer, Jürgen: „Laudatio auf SAID". *Akademie der schönen Künste* 16, 2002, S. 501–508.

Winkelman, John: „Kafkas Forschungen eines Hundes". *Monatshefte für den deutschen Unterricht* 59, 1967, S. 204–216.

Zarrin, Ali Reza: „Moruri Bar Chisti-ye Adabiyyat-e Mohajerat Va Tab'id-e Iran". *Arash* 100, 2007, S. 23–25.

Zetzsche, Cornelia: „Diese brüchige Haut der Seele". In: Tworek, Elisabeth (Hrsg.): *Fremd(w)orte. Schreiben und Leben – Exil in München*. A1 Verlag: München 2000, S. 9–21.

Zhou, Jianming: *Tiere in der Literatur. Eine komparatistische Untersuchung der Funktion von Tierfiguren bei Franz Kafka und Pu Songling*. Niemeyer: Tübingen 1996.

## Artikel in Zeitungen

Bauer, Michael: „Reflexionen über Heimat und Exil". *Süddeutsche Zeitung* 8.4.1995.

Essig, Rolf-Bernhard: „Falsche Hasen. Das tierische Amüsement des Dichters Said". *Süddeutsche Zeitung* 19./20.2.2000.

Essig, Rolf-Bernhard: „Willkomm und Abschied". *Süddeutsche Zeitung* 2.3.2001.

Flügge, Manfred: „Diesseits des Glaubens. Unterwegs zwischen Okzident und Orient: Der im Iran geborene und in Deutschland lebende Lyriker SAID und der Islam". *Die Welt* 1.10.2005.

Goebel, Anne: „Spuren des Terrors". *Süddeutsche Zeitung* 17.1.1996.

Hacke, Axel: „Der Dichter mit der Trauer um seine verlorene Kindersprache". *Süddeutsche Zeitung* 24.2.1996.

Hartung, Harald: „Entwürfe zu Gebeten". *Frankfurter Allgemeine* 12.2.2008.

Hartwig, Wilke Christian: „Weder Haß noch Triumph. Gedichte und Texte des Exils-Iraners Said". *Neue Züricher Zeitung* 1996.

Heinzelmann, Herbert: „Erst mit dem Fisch verschwindet auch die Erinnerung". *Nürnberger Zeitung* 13.9.2013.

Hoffmann, Sandra: „Literatur muss auch Geständnis sein". *Deutschlandfunk - Büchermarkt* 2.8.2013.

Hückstädt, Haucke: „SAID, Landschaften einer fernen Mutter". *Literaturen* 1.9.2001.

Hunger, Florian: „Psalmen von SAID". *Jüdische Zeitung* Juni 2007.

Lang, Bernard: „Im Schatten deiner Lügen. Psalmen des Dichters Said". *Zürcher Zeitung* 30.6.2007.

Magris, Claudio: „Lingue e confini. SAID, l'iraniano che volle farsi tedesco". *Il Piccolo* 15.9.2007.

Müller, Herta: „Es möge deine letzte Trauer sein". *Die Zeit* 11.8.1995.

Puff-Trojan, Andreas: „Glauben jenseits aller Dogmen. ‚Psalmen': ein neues Buch und ein Gespräch mit dem Autor". *Münchner Merkur* 22.5.2007.

Schader, Angela: „Liebeserklärung an den Baran. Ein Streifzug durch die Tierwelt mit dem Lyriker Said". *Neue Zürcher Zeitung* 9.12.1999.

- „Die zweimal verlorene Mutter. Said markiert Leerstellen seines Lebens". *Neue Zürcher Zeitung* 14.6.2001.

Scherf, Martina: „Gebete gegen die Gottesbesitzer". *Süddeutsche Zeitung* 25.2.2008.

Seeliger, Rolf: „Kuß durchs Glas". *Münchener Merkur* 16.7.1986.

Törne von, Dorothea: „Herr, bleibe in Rufweite. Weltliche Psalmen: der Dichter SAID konstruiert sich einen Wunschgott". *Der Tagesspiegel* 8.4.2007.

- „Wo muslimische Engel ratlos werden". *Die Welt* 17.3.2007.

Weidner, Stefan: „Rezensionsnotiz zu Dieses Tier, das es nicht gibt". *Die Zeit* 11.11.1999.

- „Wortgewaltiger Reibungsverlust". *Frankfurter Allgemeine* 4.7.2001.

Wenzel, Anja: „Hoffen auf Liebe". *Süddeutsche Zeitung* 20.6.2013.

## Interviews

Dobrik, Barbara: „Ein bloßes Werkzeug zum Hass". *Deutschlandradio Kultur – Kritik*, URL http://www.deutschlandradiokultur.de/ein-blosses-werkzeug-zum-hass.950.de.html?dram:article_id=133447.

Güvercin, Eren: „Interview mit dem Dichter SAID. Ich habe meine Religiosität vor der Islamischen Republik verteidigt", URL http://de.qantara.de/inhalt/interview-mit-dem-dichter-said-ich-habe-meine-religiositaet-vor-der-islamischen-republik.

Kramatschek, Claudia: „Interview mit SAID: Ein Dialog bedeutet, dass ich meine eigene Schwäche zeige", URL http://de.qantara.de/inhalt/interview-said-ein-dialog-bedeutet-dass-ich-meine-eigene-schwache-zeige.

Mende, Claudia: „Interview mit SAID. Wenn der Detektiv Whiskey trinkt", URL http://de.qantara.de/inhalt/interview-mit-said-wenn-der-detektiv-whiskey-trinkt.

## Webseiten

Cheissoux, Denis/Wolf, Patrice: „L'as-tu lu mon p'tit loup", URL http://www.said.at/presse.html.

Hametner, Michael: „Laudatio auf den Dichter SAID", URL http://www.fda.de/index.php/fda-aktivitaeten/fda-literaturpreis.

Hildmann, Philipp: *Trialog der Kulturen – Eine Annäherung über die Psalmen SAIDs*, Tagungsbericht/Dokumentation der XXI-Veranstaltung, URL www.hss.de/downloads/080226_TB_Trialog-pdf.

Kramatschek, Claudia: „Vaterland im Kopf". *fluter. Magazin der Bundeszentrale für politische Bildung*, URL http://www.fluter.de/de/moral/literatur/4651/.

– „Buchbesprechung". *Börsenblatt für den Deutschen Buchhandel*, URL http://www.said.at/presse.html.

Langenhorst, Georg: „Psalmen der Einforderung". *theologie-und-literatur. de*, URL http://www.theologie-und-literatur.de/fileadmin/user_upload/Theologie_und_Literatur/SAID.pdf.

Macke, Carl Wilhelm: „Wort, eine lausige Zufallshure". *culturmag.de*, URL http://culturmag.de/litmag/said-ruf-zuruck-die-vogel/4752.

– „Herr, kämpfe gegen die müde Vernunft". *culturmag.de*, URL http://culturmag.de/litmag/said-psalmen/16070.

Rothfuss, Uli: „Buchtipps über Ich und der Islam". *Virtuelle Kulturredaktion SWO Kunstportal*, URL http://www.kunstportal-bw.de/ktbuchtipp165.html.

Thon, Wolfgang: *Stern*, URL http://www.said.at/shop.html#liebesged.

Widmann, Arno: „Das Gefühl völliger Hilflosigkeit". *Perlentaucher. Das Kulturmagazin*, URL http://www.perlentaucher.de/vom-nachttisch-geraeumt/alles-andre-ist-firlefanz.html.

Zeillinger, Gerhard: „Buchbesprechung". *Der Standard*, URL http://www.said.at/presse.html.

**Interkulturelle Begegnungen.**
**Studien zum Literatur- und Kulturtransfer**
Herausgegeben von Rita Unfer Lukoschik und Michael Dallapiazza

Die Bände 1-12 sind im Martin Meidenbauer Verlag erschienen und können über den Verlag Peter Lang, Internationaler Verlag der Wissenschaften, bezogen werden: www.peterlang.de.

Ab Band 13 erscheint diese Reihe im Verlag Peter Lang, Internationaler Verlag der Wissenschaften, Frankfurt am Main.

Band   13 Corinna Ott: Zu Hause schmeckt's am besten. Essen als Ausdruck nationaler Identität in der deutsch-türkischen Migrationsliteratur. 2012.

Band   14 Maria Elisa Montironi: Riscritture tedesche del *Coriolanus* di Shakespeare (1609-1951). Ricezione politica e politica della ricezione. 2013.

Band   15 James Orao: Selbstverortungen. Migration und Identität in der zeitgenössischen deutsch- und englischsprachigen Gegenwartsliteratur. 2014.

Band   16 Arianna Di Bella: SAID – Ein Leben in der Fremde. 2014.

www.peterlang.com